«En verdad hay mucha gente que lee solo para no pensar»

(Georg Christoph LICHTENBERG)

Cuentos de verano

Título original: *Contes d'été*

1.ª edición: mayo 2004
2.ª edición: julio 2008

Juan Ignacio Luca de Tena, 15. 28027 Madrid
www.anayainfantilyjuvenil.com
e-mail: anayainfantilyjuvenil@anaya.es

Diseño: Gerardo Domínguez

ISBN: 978-84-667-3686-2
Depósito legal: M. 38.524-2008
Impreso en Lavel, S.A.
Gran Canaria, 12
Polígono Industrial Los Llanos
28970 Humanes de Madrid (Madrid)
Impreso en España - Printed in Spain

Cuentos de verano

Grégoire Solotareff

Traducción:
Olga Escobar

ANAYA

Índice

21 de junio
La primera pregunta del verano 15

22 de junio
Los ladrones 17

23 de junio
Iván y las crepes 19

24 de junio
La tontería de los mirlos 21

25 de junio
Noticias para Pablo Topo 24

26 de junio
La idea absurda de Zim 26

27 de junio
La vida de Jon 29

28 de junio
La nube 31

29 de junio
Alí, el tímido 34

30 de junio
El zorro y el mono 36

1 de julio
Hay una injusticia 38

2 de julio
Máximo, el previsor 40

3 de julio
Dos ratones como todo el mundo 43

4 de julio
El collar de conchas 45

5 de julio
Gretel-Guinda 48

6 de julio
Ulf, el calvo 50

7 de julio
Mariam, la manitas 52

8 de julio
La mudanza 54

9 de julio
El parabesos 57

10 de julio
Iván, el perezoso 59

11 de julio
La historia de Benedicta 61

12 de julio
La boda de Yasmina 63

13 de julio
Los fuegos artificiales 65

14 de julio
El misterio del 14 de julio 67

15 de julio
Radio Macuto 68

16 de julio
Una pareja muy desgraciada 71

17 de julio
Dos ratones de campo 72

18 de julio
El reloj de Violeta 73

19 de julio
Nico y Fred 75

20 de julio
El destino 77

21 de julio
Carlo Violi (cuento italiano) 79

22 de julio
Lina, la egoísta 82

23 de julio
Una velada en la isla 84

24 de julio
Jef 87

25 de julio
Pedro, el cangrejo cubano 90

26 de julio
Olla o sapo 92

27 de julio
Los caracoles 93

28 de julio
Dos gemelas 95

29 de julio
Julia, la distraída 98

30 de julio
La boda de Sebastían 100

31 de julio
Vainilla 102

1 de agosto
Ser o no ser gato 105

2 de agosto
Una tarde muy tranquila 107

3 de agosto
Una auténtica pequeña revolución 109

4 de agosto
El paseo 111

5 de agosto
Ángela, Lulú y Lola 114

6 de agosto
Los defectos de Loló 117

7 de agosto
Las vacaciones 119

8 de agosto
Por qué 122

9 de agosto
La antevíspera del eclipse 125

10 de agosto
La víspera del eclipse 126

11 de agosto
El eclipse 128

12 de agosto
Mario y Jo 130

13 de agosto
Soames, el ratoncillo americano 132

14 de agosto
Fragmentos del diario de una ratona 134

15 de agosto
Una pequeña pelea 137

16 de agosto
Las crepes de Soizic 139

17 de agosto
Toda la vida 143

18 de agosto
El cumpleaños de Greg 145

19 de agosto
Cómo Pluc se convirtió en jefe 148

20 de agosto
¡Ah! ¡Los viajes! 150

21 de agosto
El concurso de saltadores 152

22 de agosto
Alexis 154

23 de agosto
Franz, el fofo 156

24 de agosto
Nessim 158

25 de agosto
Marcela Cigarra y Andrea Hormiga 159

26 de agosto
Fany, Mili, Jo y las demás 163

27 de agosto
Dos urracas 164

28 de agosto
Una visita 166

29 de agosto
El jefe Mat 169

30 de agosto
Elisa 172

31 de agosto
Una tarjeta postal 174

1 de septiembre
Un veranillo de San Miguel adelantado 175

2 de septiembre
Un pichón muy servicial 177

3 de septiembre
El cumpleaños de Nin' 180

4 de septiembre
Por fin, nos casamos 183

5 de septiembre
Los invitados 186

6 de septiembre
El silencio 189

7 de septiembre
Raro 191

8 de septiembre
Djodjo 193

9 de septiembre
Björn, el duende del Norte 196

10 de septiembre
Una bruja especial 198

11 de septiembre
Una historia de amor 200

12 de septiembre
Anja 202

13 de septiembre
Una historia tristemente cierta 205

14 de septiembre
Un auténtico hechizo 207

15 de septiembre
Una bruja sin poderes 209

16 de septiembre
Guapo y dotado para la música 210

17 de septiembre
Los besos del lobo 211

18 de septiembre
El dinero de la liebre 213

19 de septiembre
Un viejo oso desagradable 215

20 de septiembre
El vecino 216

21 de septiembre
Minúscula Emilia 218

22 de septiembre
¿Primer o segundo día? 220

21 de junio

La primera pregunta del verano

—¿Los insectos duermen? —preguntó Julián el Ignorante al duende Jacobo Sabelotodo.

—Mi querido Julián —dijo Jacobo—, estamos a 21 de junio, primer día del verano. Es un día importante, y se te ocurre plantearme una pregunta... a la cual no se puede contestar ni con un sí ni con un no. Vuelve otro día y te daré la respuesta —añadió, dirigiéndose al claro donde iba a celebrarse la fiesta del bosque.

Julián se fue decepcionado. Llevaba varios días planteándose esta pregunta, que tampoco debía de ser tan complicada como quería hacerle creer el viejo duende.

La fiesta del verano se desarrolló como cada año. La comida fue excelente y abundante. Tan abundante, que todo el mundo se quedó adormilado al sol.

Julián vio a Jacobo tumbado en la hierba con los ojos medio cerrados, con su bastón en la mano izquierda y su enorme barriga subiendo y bajando al ritmo regular de su respiración. Los pájaros gorjeaban y soplaba una suave brisa cálida.

«Este es el momento», pensó Julián. Se acercó al duende, vaciló, y le dio unas palmaditas en la espalda.

—¿Qué quieres otra vez? —preguntó el viejo abriendo un ojo.

—Bueno..., yo... quería saber si..., si los insectos duermen.

—¡Bah! ¡Cállate ya! —dijo el viejo duende cerrando de nuevo los ojos—. Hoy es un día de descanso. Déjame dormir. Vete a jugar con tus amiguitos. Vete a jugar —repitió con voz más suave, pues se había dado cuenta de que se estaba comportando de un modo bastante desagradable.

Al no encontrar una respuesta, Jacobo decidió evitar a Julián durante los días siguientes y no salir de su casa.

Al cabo de una semana, se arriesgó a salir, pues ya no tenía nada para comer.

En seguida, se encontró con Julián.

—¡Eh! A propósito de los insectos —dijo el joven duende—, ¡he hallado la respuesta!

Jacobo, pillado desprevenido, le dijo:

—¡Ah, muy bien! Y...

Estuvo a punto de preguntarle cuál era la respuesta, pero eso habría supuesto reconocer su ignorancia, así que, frunciendo el ceño, añadió:

—Ves, ¡no hay por qué plantear preguntas tontas constantemente!

Y rápidamente regresó a su casa, antes de que Julián le expusiese una nueva pregunta.

Pero seguía sin tener nada para comer.

—¡Qué lata! —dijo—. ¡Estoy harto de estos pequeños cretinos que no saben nada! Desde luego, ¡te amargan la vida!

22 de junio

Los ladrones

El cielo estaba gris oscuro, incluso negro en el horizonte. Cayeron algunas gotas. Gaspar, prudente, se cobijó bajo una hoja de castaño al borde del camino y esperó pacientemente a que terminase el chaparrón. Pero el chaparrón se prolongaba, y Gaspar se quedó dormido sujetando fuertemente su cesto lleno de provisiones de fresas silvestres.

Cuando se despertó, miró su cesto: estaba vacío.

Pensó que algún ratón debía de haber pasado por allí y no habría podido resistirse. Eso le hizo sonreír.

Se puso otra vez a recoger fresas y llenó de nuevo el cesto.

De repente, otro chaparrón. Esta vez se protegió bajo un mízcalo y volvió a quedarse dormido. Al despertarse, el cesto estaba tan vacío como cuando lo había cogido por la mañana. Gaspar sonrío de nuevo y se puso a recoger fresas.

Así, se le pasó el día, sin darse cuenta. Cuando regresó a su casa, su mujer le preguntó:

—Pero ¿qué has estado haciendo durante todo el día? Llevo horas esperándote.

—He estado recogiendo fresas —dijo Gaspar—. ¿Y a que no sabes lo que me ha pasado? Cada vez que llenaba el cesto, empezaba a llover, me cobijaba y me quedaba dormido; ya me conoces. Entonces, llegaba un ratón y me robaba las fresas. Y yo volvía a empezar. Y así se me ha pasado el día, sin enterarme.

—¡Pues ya podrían recoger ellos mismos sus fresas! ¡Vaya con los ratones! —refunfuñó Juana—. ¡Francamente, todo esto me resulta difícil de creer!

—¡Bueno! —dijo Gaspar—. Lo cierto es que me gusta recogerles las fresas, pues tampoco tengo nada mejor que hacer, y así se me pasan las horas sin darme cuenta.

En realidad, no era un ratón, sino un duende, el que le robaba las fresas. Un duendecillo malo.

Pero Gaspar no se enteró nunca.

23 de junio

Iván y las crepes

—Me parece que están un poco sosas —dijo Sara—. Deberías añadir un poco de vainilla.

—¿Tú crees? —le preguntó Zoé—. Yo le añadiría más bien un poco de azahar.

Sara y Zoé estaban preparando unas crepes a Iván.

Iván era un lirón sibarita, tenía un gusto muy refinado, sobre todo para las crepes, y su opinión sobre la cocina de unos y otros era muy importante.

Nada más acabar las dos marmotas su montón de crepes, apareció Iván, que preguntó:

—¡A ver! ¿Quién ha hecho las crepes hoy?

—Yo —respondieron las marmotas al mismo tiempo.

Algo confusas, se corrigieron:

—Bueno..., las hemos hecho las dos —dijo Zoé.

—Sí, las hemos hecho las dos —repitió Sara.

—¡Vaya, vaya! —dijo Iván—. Vamos a probar las *famosas* crepes.

Se sentó a la mesa. Las marmotas le ataron un paño limpio alrededor del cuello, él acomodó su cola detrás la silla, de tal modo que no le incomodase ni se le pudiera manchar, y esperó.

Zoé fue rápidamente a enrollarle una crepe y se la ofreció bien caliente en el plato.

—¡Esta la he hecho yo!—dijo con una evidente falta de modestia.

Por su parte, Sara miraba con ansiedad cómo Iván degustaba la crepe de Zoé. Deseaba que no la encontrase buena. O más bien que Iván la encontrase menos buena —aunque las dos estaban hechas con la misma masa— que la siguiente, que ella le estaba preparando.

Iván tomó la primera crepe sin pronunciar una sola palabra y sin dejar traslucir la más mínima expresión.

—¡Siguiente! —dijo masticando el último bocado.

A Sara la cogió desprevenida y tardó varios segundos en enrollar su crepe y llevársela.

Y debieron de ser varios segundos de más.

Iván se levantó, se quitó el paño del cuello, lo dejó sobre la mesa y se marchó sin pronunciar palabra.

Iván era así: intransigente.

Las dos marmotas se miraron fijamente, y luego, furiosas, se separaron.

Para siempre.

24 de junio

La tontería de los mirlos

—Los mirlos son estúpidos —dijo Mani—. Todo el mundo lo sabe.

—¡No! —dijo Olinka —. ¿Por qué dices eso?

Olinka pensaba que los mirlos cantaban demasiado bien para ser tan tontos.

—Es como los campeones de marcha —dijo ella—. La verdad es que muy listos, muy listos, no parecen, pero quizá tengan una inteligencia superior.

—No creo —dijo Mani—. Además, no veo qué relación tienen con los mirlos. Los mirlos, en cualquier caso, son estúpidos. Sé muy bien lo que digo.

Quiso probar lo que decía y esa misma mañana decidió quedarse escondido entre los helechos para hacer un informe. Los vio llegar hacia las cinco y media, justo antes de que amaneciera. Eran dos. Una parejita. Mani no los conocía. Se posaron en una rama, miraron rápidamente a derecha e izquierda, se limpiaron algunas plumas del vientre y de las alas, y después se pusieron a cantar a voz en grito durante media hora.

«No cantan, mal, es verdad —pensó Mani—. Yo soy totalmente incapaz de silbar tan bien como ellos, pero

me sé canciones muy famosas, y en cambio ellos solo cantan tonterías».

Mani regresó al otro día y los siguientes. De momento, tenía que reconocerlo, nada probaba que fueran tan tontos, aunque tampoco nada probaba lo contrario.

Además, había algo que le había llamado mucho la atención: en cuanto una fresa silvestre adquiría algo de color, llegaba un mirlo al pie del fresal y la cogía. Ni siquiera esperaba a que estuviera madura para comerla. Mani, al que le gustaban especialmente las fresas silvestres, decidió abandonar su puesto de observación, pues los helechos eran demasiado altos y le impedían ver bien. Se escondió muy cerca de las fresas, entre los hierbajos, para poder observar a los estúpidos pájaros, al pie mismo del fresal.

Una vez instalado en su nuevo escondite, Mani, no vio ya aparecer ningún mirlo.

—¿Se habrán dado cuenta de que los vigilo? —preguntó a Olinka, cuando regresó a casa por la tarde.

—Seguramente —dijo Olinka—. Me parece que el estúpido eres tú, amigo mío.

—Algo me dice que no se han dado cuenta de mi presencia y que no vienen a comerse mis fresas por algún motivo que desconozco —dijo Mani.

En realidad, los mirlos sí que habían visto a un duende entre las fresas y, efectivamente, ya no se acercaban al fresal, pero no por miedo al duende, sino porque se habían quedado preocupadas al ver que una fresa nueva había madurado de repente: ¡los mirlos habían confundido el gorro de Mani con una fresa!

Por tanto, Mani estaba en lo cierto al considerar que los mirlos eran estúpidos, pero no por los motivos que él creía, pues las fresas apuntan hacía abajo, y los gorros de los duendes, hacia arriba.

25 de junio

Noticias para Pablo Topo

—Cógeme, cógeme —gritaba Josefina, cuando de repente desapareció por un hoyo en medio del campo.

Sofía había oído a su amiga Josefina, pero, cuando levantó la cabeza y aguzó el oído, ya no pudo verla ni oírla. Allí estaban esos enormes caballos alazanes, tumbados, como focas, y también Jerónimo Ligero, que perseguía a las moscas gritando como un imbécil; pero ¡Josefina ya no estaba!

«¿Cómo ha podido desaparecer así, en unos segundos? —se preguntó Sofía—. ¡Para mí que esto es magia!».

Buscó detenidamente, y al cabo de un momento vio un hoyo en el suelo entre las hierbas altas.

«Aquí está», pensó. Se acercó al hoyo, y, ¡zas!, desapareció ella también.

En realidad, no había desaparecido. Se deslizó por el agujero y encontró a Josefina, un poco más abajo, en compañía de Pablo Topo.

Pablo era gordo y bastante mayor. Hacía hoyos en el campo a derecha e izquierda, y esperaba a que alguien cayese dentro de ellos y le diese noticias del mundo.

No veía nada desde hacía mucho tiempo y quería seguir informado de todo lo que pasaba fuera sin arriesgarse a ser atrapado por las garras de Lucas Gavilán o de José Cernícalo. Había encontrado este sistema para tener noticias al menos una vez al día. Era algo así como si recibiese el periódico a domicilio.

—¡Y bien, adorables muchachas! Sois muy amables al venir a saludar al viejo Pablo. ¿Qué hay de nuevo por ahí arriba? Contádmelo todo.

Sofía y Josefina, aún bajo el impacto de su caída, se miraron la una a la otra y, sin duda por los nervios, se echaron a reír. Molesto, creyendo que se reían de él a causa de su ceguera, cosa que no era para nada cierta, Pablo Topo se encerró en el fondo de la galería.

Sofía y Josefina aprovecharon para subir a la superficie y se dirigieron rápidamente a sus casas.

Y Pablo Topo se quedó ese día sin noticias.

26 de junio

La idea absurda de Zim

Zim había sido abandonado por sus padres a los treinta años de edad.

El pueblo le había acogido y se había convertido en eso que se llama un duende de pueblo, es decir, un desocupado, vagabundeando todo el día.

¿Para qué trabajar? Era la única pregunta que se planteaba. Sin responderla nunca, por supuesto.

Hacía calor esa tarde. El sol pegaba de plano y calentaba las pequeñas cabezas, sobre todo, las que no estaban protegidas por los gorros puntiagudos. Ese era el caso de Zim el Golfo (también llamado Zim el Gordo o Zim el Nulo), que se negaba obstinadamente a llevar el suyo, a pesar del terrible calor de ese verano.

Resultado: el sol había terminado por recalentar demasiado su pequeña cabeza, lo cual nunca es bueno.

Entonces, se le ocurrió, lógicamente, una idea absurda: puesto que odiaba llevar su gorro, decidió robar los gorros de los duendes mientras dormían. De modo que todos tuviesen que ir con la cabeza al aire.

Así, pensó, nadie podría castigarlo. Una idea realmente estúpida.

Cuando cayó la noche, se coló sin hacer ruido en la cabecera de cada duende, cogió sus gorros y los escondió en un gran saco.

Pero el saco pesaba tanto que Zim no podía con él. Despertó a su amigo Benito y le pidió que lo ayudase a llevarlo sin decirle lo que contenía. Benito, tras refunfuñar, se levantó y ayudó amablemente a su amigo. Llevaron el saco a casa de Zim y Benito volvió a acostarse.

Al día siguiente, todo el pueblo estaba sobresaltado. ¡Habían robado todos los gorros rojos! Todo el mundo estaba enloquecido. Circulaban todo tipo de hipótesis espantosas: había habido durante la noche una invasión de ladrones de gorros, o, también, hipótesis incluso más horripilantes: se trataba de algún maleficio de la bruja Micaela, o había sido una malvada acción de los duendes negros para humillar de nuevo a los duendes rojos.

El hecho de que todos supieran que los duendes negros no existían no fue mencionado.

Solo Zim estaba sereno. Benito, interrogado como todos los demás, no relacionó el robo con el despropósito nocturno.

Todos iban de un lado para otro, se informaban de las últimas noticias y se interrogaban.

Zim el Nulo se paseaba, con las manos en la espalda, silbando. Lógicamente, las sospechas se dirigieron en seguida hacia él. Fue interrogado y confesó sin problemas su hurto.

No le castigaron, ni siquiera le regañaron, pues en ese pueblo los castigos no existían, y tampoco los sermones.

¿Por qué le había dado a Zim por robar todos los gorros?

Nadie logró saberlo nunca.

Pero no lo volvió a intentar, pues pensó, con razón, que en seguida sospecharían de él.

27 de junio

La vida de Jon

Jon había pasado la primera parte de su vida así, ¡zas!, como si nada.

Había llegado a los veinte años de edad sin haber reído ni llorado demasiado. No había tenido ni grandes penas ni grandes alegrías y todavía no le había pasado nada importante.

Esa mañana, llamaron a su puerta. Era Matilde, la joven duende cantante que vivía al lado. Ella se sentía un poco sola y simplemente quería preguntarle si podía hacerle compañía. Jon aceptó, Matilde entró y se sentó en un sillón.

No dijo nada y se quedó allí, esperando a que Jon le preguntase qué le pasaba.

Pero Jon no le preguntó nada y permanecieron en silencio durante varias horas.

Matilde, que empezaba a aburrirse, acabó levantándose y se fue.

Al día siguiente, al ver que Matilde no volvía, Jon se puso a dar vueltas por la habitación.

«¿Por qué no viene a verme? —se preguntó, extrañado—. Tal vez debí preguntarle si le pasaba algo».

Pero a él nadie le había preguntado nunca nada cuando había tenido algún problema. Entonces, ¿por qué ahora tenía él que hacerlo?

Pero, en realidad, ¿había tenido él alguna vez algún problema? Intentó recordar algún momento triste de su vida.

Tenía que remontarse muchos años atrás: un día, su madre le había castigado sin postre porque no había sido bueno.

Otra vez, ahora lo recordaba, le habían robado sus caramelos.

¿No le había pasado nada más grave desde entonces?

No. No recordaba ningún asunto.

¿Y algo alegre?

Jon reflexionó. Sí, recordó aquel día en el que se peleó con Frank y le rompió los dientes de delante. No recordaba nada más reciente.

Se sentó y esperó a Matilde para contarle todo esto.

Empezó a reírse por adelantado.

28 de junio

La nube

El pelo cortado recto justo por encima de sus pequeños ojos negros y su sonrisa permanente daban a Sandi un aire de pilla que agradaba a todos.

De hecho, ella siempre tenía una corte de duendes a su alrededor. Pero esto no la hacía odiosa, como a tantas otras jóvenes que todos conocemos.

No, Sandi se sentía satisfecha y feliz. Sus amigas envidiaban su gracia y no podían evitar lanzarle de cuando en cuando pequeñas pullas.

—¿Por qué te vistes tan mal, Sandi? —preguntaba una—. ¡Qué lastima!

—Has engordado un poco, ¿no? —decía otra—. Vuélvete, para ver…

—Me gustaría tener mucho pecho, como tú —comentaba una tercera—. Bueno, quizá algo menos que tú, por supuesto.

Etcétera, etcétera.

Pero Sandi estaba muy segura de su belleza. Todo el mundo la había encontrado hermosa siempre. Su padre le había asegurado que era la más bella del mundo. Ella no le creía, por supuesto; pensaba que debía de ser una de las tres o cuatro más bellas, pero no la más bella del mundo.

Un día, Lucas, el bello y melancólico Lucas, pasó a su lado sin fijarse en ella.

—¡Buenos días, Lucas! —soltó cuando ya la había adelantado—. ¿Me das un beso?

—¡Ah! ¡Oh! Buenos días; bueno…, Sandi —dijo Lucas—. ¡Perdóname, tenía la cabeza en otro sitio! —añadió, siguiendo su camino sin haber oído la proposición por la que otros duendes habrían cedido su merienda (e incluso mucho más).

Lucas era músico y a veces componía su música mientras caminaba, lo que le daba un aire distraído.

—¡Sabes, voy a casarme! —le gritó ella.

Esta frase, soltada así en medio del camino en el silencio de la mañana, le pareció a ella misma, una vez dicha, incongruente. Dejó escapar unas risitas y se fue. Lucas se volvió y, al ver que ella se alejaba, no le contestó nada.

«¿Va a casarse? —se dijo con algo de retraso—. ¡A su edad! ¡Qué cosa más rara!».

¿Por qué había dicho eso? ¡Evidentemente, no iba a casarse! Eso se sabría. Y, además, era imposible; ¡uno no se casa así como así! Y, además, ¿con quién?

Lucas continuó su camino, pensativo.

Sandi se paró, alzó la mirada. El cielo estaba azul.

«Lucas es el único que me gusta —pensó—. Y es precisamente el único que no se fija en mí. ¿Será por eso por lo que me gusta?… ¡Qué idea más tonta!».

Un pequeña nube blanca, veloz, pasó por encima de ella.

«Si logro llegar a casa antes de que esa nube se deshaga, Lucas se enamorará de mí», se dijo Sandi.

Sandi corrió hacia su casa lo más deprisa que pudo. Al llegar a la puerta, se volvió. La nube no había cambiado de forma.

Sandi saltó de alegría.

Al día siguiente, iría a ver a Lucas.

«Es curioso —pensó— como una nubecilla de nada puede llegar a cambiar tu vida».

29 de junio

Alí, el tímido

Alí —cuyo verdadero nombre era Alain, pero al que todo el mundo llamaba así porque a él le gustaba mucho Marruecos— vivía en una madriguera excavada en el acantilado, dominando el mar como un pachá de la Costa Azul.

Su vecina, Rosa, una joven zorra de un pelirrojo resplandeciente, lo cortejaba, a la manera de las zorras, desde hacía poco.

Alí estaba secretamente enamorado de Rosa, pero nunca se había atrevido a decírselo. Y la zorra solo esperaba una cosa en el mundo: que Alí le pidiera que se casara con ella. Su abuela le había dicho siempre que era él quien tenía que dar el primer paso y no ella.

Un día, como quien no quiere la cosa, ella le llevó un pollo, pero no pasó nada. Al día siguiente, le llevó unas salchichas robadas en la ciudad, a dos horas de camino de allí.

Alí aceptó estos obsequios diciéndose que ya tendría tiempo de expresarle sus sentimientos. No tenía prisa.

Bob, el mejor amigo de Alí, le preguntó:

—¿Y Rosa? ¿Por fin le has hablado? ¿Qué tal está?

—Muy bien —le contestó—. Sin novedades.

Sin novedades quería decir: «No me he atrevido a confesarle mi amor y seguimos estando en el punto en el que estábamos».

Bob, lejos de interesarse por la salud de Rosa, quería asegurarse mediante esta pregunta aparentemente anodina de que aún no había nada entre Alí y ella.

Se relamió los morros para alisar sus bigotes, fue a recoger un ramo de flores y se presentó en la casa de Rosa.

No se es zorro por casualidad.

30 de junio

El zorro y el mono

Un mono desdichado
por no tener rabo
vio un día a un zorro y le dijo:
—*Tu cola es demasiado larga,*
la arrastras por todas partes.
¡No necesitas
una piel tan tupida!
Dame un trozo
y taparé mis nalgas;
quiero ser hermoso.
—*Una cola no se da* —dijo el zorro.
—*¿Y por qué?*
—*Porque no* —contestó—.
¿Qué parecería yo
sin pelo en mi trasero?
—*¡Parecerías un hombre*
y no un zorro!
¡Vivirías más tranquilo!
Nadie querría cazarte,
podrías pasearte,
comprar bellos trajes,

dormir en un buen lecho...
¿No sería, en suma,
un viejo sueño satisfecho?
El zorro, sospechando
de este alguna astucia,
observó al mono y le dijo:
—*¡A un zorro*
venirle con cuentos!
¡Adiós, hombre!
Con lo que el mono se fue, afligido,
quejándose lastimero,
y tapándose como pudo
su trasero.

(A imitación de Esopo)

1 de julio

Hay una injusticia

Lola era lo que se dice una ratona hermosa. Su pelo, gris oscuro, casi negro y rizado, tenía a veces, como la seda, reflejos de oro. Y sus ojos castaños se tornaban amarillos en cuanto el menor rayo de sol penetraba en ellos. Era una ratona mestiza. Se miraba muy a menudo al espejo y, por coquetería, decía que estaba muy mayor. Se quejaba a sus amigos de cómo pasaba el tiempo y de lo lejos que estaban ya los días felices.

Como tenía una vida plena —era pintora y madre de setenta y seis hijos—, la encontraba demasiado corta.

Su amiga Josie no era tan guapa. Tenía el hocico rosa con manchas grises y la piel más bien apagada.

Cuando Josie corría, su barriga restregaba el suelo, de tal modo que se la podía seguir por el rastro característico que dejaba en la arena: un largo surco rodeado por líneas de puntos.

Al contrario que Lola, y a pesar de su aspecto repelente, Josie era alegre, despreocupada, feliz de disfrutar cada momento. Y, sin embargo, su vida no era precisamente divertida: no tenía hijos, su vivienda era fea y nunca tenía nada que hacer.

Cuando visitaba a Lola, Josie disfrutaba posando una o dos horas para su amiga en su pequeño diván azul y contándole historias divertidas sobre la comunidad.

Lola pintaba su retrato en silencio, escuchando cómo Josie hablaba, reía, y se burlaba de los demás.

Una era bella y desdichada; la otra, fea y feliz.

Esto era lo que decían todos los amigos. Y añadían, algo celosos:

—Pero, si todas las ratonas bellas fueran además felices, ¿dónde estaría la justicia?

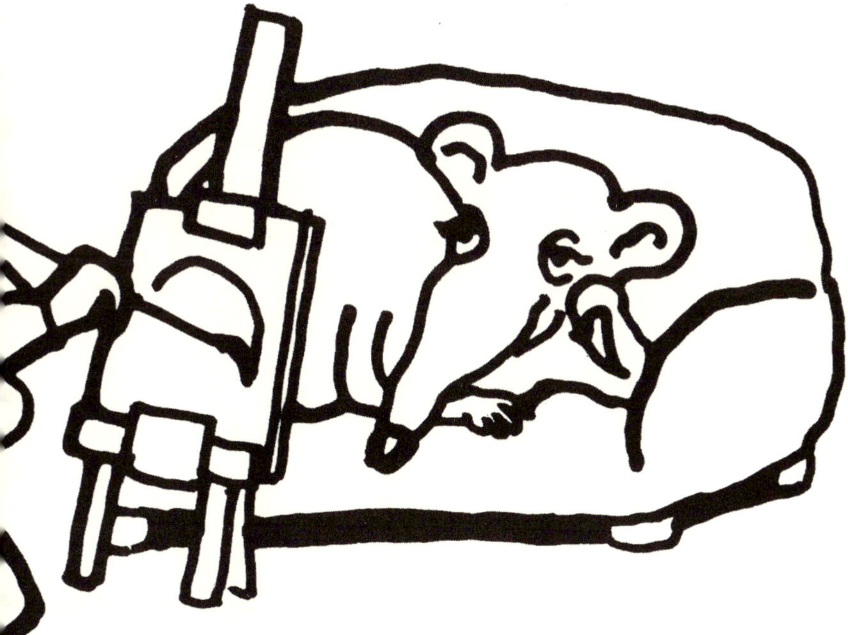

2 de julio

Máximo, el previsor

Para cerrar la puerta de madera, arriba en su árbol, Máximo había instalado una veintena de cerraduras.

Y cuando volvía a casa por la noche hacía tanto ruido al abrir y cerrar la puerta, que despertaba a todo el vecindario. Las otras ardillas protestaban, los palomos refunfuñaban, las urracas chirriaban, furiosas. Y con razón, pues Máximo volvía la mayoría de las veces hacia las dos o las tres de la madrugada.

Mili, la urraca, pensó que había que hacer algo, y dijo a sus vecinos:

—Si Máximo teme que le puedan robar, es porque esconde algo. Ninguna ardilla tiene tantas cerraduras en su puerta. ¡Es muy sospechoso!

—¡Es verdad! —contestaron sus amigos.

Mili bajó de su casa y se posó en el nido de Marcelo Palomo, que dormitaba.

—¡Eh! ¡Marcelo!...

El palomo dormía sentado, con la cabeza reposando sobre su buche lleno de migas y de manchas de grasa de la víspera. Mili lo encontraba muy desagradable e hizo un movimiento de rechazo antes de tocarle con la punta del pico. Marcelo abrió un ojo y volvió a cerrarlo inmediatamente.

—¡Buenos días, Marcelo! Máximo está insoportable, ¿no crees? ¿Has oído esta noche, era horrible, no? ¡A las tres de la madrugada! Se me ha ocurrido una idea.

—¡Ah, sí…! —dijo Marcelo entreabriendo un ojo.

—¡Vamos a robar a Máximo!

—¿Eh? —dijo el palomo eructando.

—¡Oh! ¿No puedes aguantarte?… ¡Es asqueroso!…

—Perdón —dijo Marcelo tan tranquilo.

—Pues sí —repitió Mili—. ¡Si se encierra, es porque esconde un tesoro!

Marcelo reflexionó. Cuando un ave reflexiona, nunca se sabe si está reflexionando, durmiendo, o poniendo.

—No pongas, Marcelo ¡Escúchame! ¿Has oído lo que te he dicho?

—No estoy poniendo, estoy reflexionando —dijo Marcelo—. De hecho, no puedo poner.

—Ya lo sé. Es una broma. Josefina era la que ponía.

—No me hables de Josefina. No quiero volver a oír hablar de ella —dijo Marcelo—. Ya sabes que se marchó con un palomo torcaz.

—Sí, ya lo sé, mi pobre amigo. Mira, si estuvieses algo más limpio y menos gordo, tal vez se habría quedado a tu lado —dijo Mili con toda franqueza.

—¡Oh, no! ¡No es por eso! ¡Es por su manera de ser! Estaba claro que un día u otro se marcharía con otro palomo. ¡Todas son iguales!

—¡Que no! Venga, venga, no todas son así —dijo Mili, que siempre defendía a las hembras.

—Claro que son así. Por cierto, y tú ¿por qué no te has casado?

—¡Oh, bueno! Yo… —contestó Mili.

Y los dos se enzarzaron en una conversación que duró hasta la tarde.

Picotearon unos gusanos no demasiado frescos que conservaba Marcelo en su nevera averiada. Y luego, hacia medianoche, oyeron a Máximo salir de su casa y accionar como siempre sus numerosas cerraduras.

En cuanto Máximo se hubo marchado, Marcelo y Mili volaron hasta su casa, no tardaron mucho en romper su puerta y entraron. No encontraron absolutamente nada de valor que birlar, ni nada bueno que comer. Pero pusieron la vivienda de Máximo patas arriba para simular un robo. Cuando Máximo volvió, al amanecer, se quedó tan trastornado que decidió cambiar de árbol a la espera de cambiar de bosque.

En cuanto a Mili y a Marcelo, siguieron siendo buenos amigos…, solamente.

Esta aventura no los había acercado. Podría haberse pensado que…

Pero no. Eran demasiado diferentes. Mili no habría podido soportar la dejadez de Marcelo y, por qué no decirlo, su vulgaridad.

3 de julio

Dos ratones como todo el mundo

María Ratona había preparado un café para su vecino Juan, que se sentaba, como todos los días, a la misma hora en la terraza, para tomárselo. Juan disfrutaba mucho ese momento del día.

Ella le sirvió el café, acercó una silla y se sentó junto a él.

Las nubes pasaban sobre sus cabezas. De cuando en cuando, un rayo de sol se rezagaba un rato, calentando el aire fresco de la mañana.

María miraba a Juan con amor e inquietud. ¿Se quedaría algo más de tiempo esta vez? ¿Estaría el café tan bueno como todos los días?

No intercambiaron ni una palabra. El sol se escondió detrás de una gran nube. María sintió un escalofrío. Juan bebía, mientras reflexionaba sobre cómo organizar su jornada.

Tras tomar el último sorbo, se levantó, dio las gracias a María, sin demasiado énfasis, y entró en su casa.

Era carpintero. Sus jornadas estaban llenas de actividad. María era rentista y vivía modestamente de sus rentas.

Una vez en su taller, el encargo que estaba realizando hizo que Juan pensara en María. Se trataba de un espejo. Las ratonas no saben vivir sin él.

Un día le haría uno.

«¿No entiendo cómo no le gusto? —se preguntaba mirándose en el espejo—. Lleva años preparándome café todas las mañanas, no le conozco ningún novio, sabe que estoy libre y que me gusta ir a visitarla... ¿A qué espera para declararse?».

Y se puso a trabajar de nuevo con ahínco.

Por su parte, María, mientras lavaba la taza de Juan, pensaba:

«¿Por qué no se decide a dar el paso? Tal vez le asuste mi dinero. Sí, seguro que es eso. ¡Cómo me gusta este chico! Decidido: mañana, le haré un bizcocho para acompañar el café. Estoy segura de que me dará resultado».

Y no iba descaminada.

4 de julio

El collar de conchas

Para ir a recoger conchas en la pequeña cala que quedaba al descubierto al bajar la marea, Abraham tenía que pasar por un pequeño bosque que no le gustaba atravesar, sobre todo al anochecer.

Eran las diez y media de la noche, la hora en la que Rouk iba a hacer sus compras para la cena, y Abraham pensaba que no tendría nada de extraño que un duende como él formase parte de las «compras» del viejo zorro de Rouk.

«Y todo esto para hacer un collar, ¿Merece realmente la pena?», se dijo.

Abraham pasó junto al lavadero, lugar ideal de emboscada para Rouk. Tuvo mucho cuidado de no hacer ruido. Un arrendajo se puso a gritar por encima de él:

—¡Abrahaaam! ¡Abrahaaam!

Corrió hacia unos matorrales y esperó. El arrendajo se fue por fin.

Entonces escuchó unas voces que venían de un pequeño campo más abajo:

—. . . y tengo la impresión de que no me quiere —dijo una de ellas.

Abraham la reconoció. Era precisamente la voz de Juana, para la que iba a confeccionar el collar.

—¿Por qué piensas eso? —dijo la otra voz.

—No se fija en mí, en mis vestidos nuevos… —dijo Juana.

«Es falso —pensó Abraham—. Yo siempre me fijo en sus vestidos nuevos, pero ¿para qué decírselo?».

—Sabes —dijo la otra voz—, muchas veces, los chicos no aprecian ese tipo de cosas. Sobre todo, Benito.

—«¡Benito! —pensó Abraham—. ¡Ella no habla de mí!».

—¡No puede ser! ¡Si precisamente nos ponemos guapas para ellos!

—¡Qué va! ¡Es para nosotras mismas! ¡No para ellos! Cambias de vestido cuando está sucio, eso es todo.

—No solo es eso. Yo me cambio de vestido porque no me apetece ir igual todos los días, y porque quiero que *él* me encuentre guapa.

—Sabes, Benito no es interesante. Sin embargo, mira a Abraham; estoy segura de que él sí se fija en tus vestidos nuevos. Es lógico, ¡está enamorado de ti! Yo que tú…

—Ya lo sé —dijo Juana—, pero Abraham me importa un bledo. De todos modos, seguirá enamorado de mí siempre. A mí el que me interesa es Benito.

Abraham bajó la cabeza. Dejó que pasaran las chicas y de lejos reconoció a la que estaba con Juana. Era María.

«Ya puede esperar sentada Juana a que le de el collar —pensó—. Ahora sé muy bien para quién lo voy a hacer».

5 de julio

Gretel-Guinda

Gretel era una duende de origen alemán, encantadora y de piel sonrosada. Tenía unas magníficas trenzas de color pelirrojo claro que se le deshacían constantemente, y los duendes le proponían a todas horas volvérselas a hacer.

Ella siempre se negaba, pues odiaba que la peinasen porque le recordaba a su abuela Gudrun, una terrible bruja nórdica que disfrutaba haciéndole daño.

Las sesiones de peluquería de su abuela Gudrun le habían, por así decirlo, forjado el carácter: Gretel se había vuelto caprichosa, sensiblera y gruñona. Y además iba siempre mal peinada.

Su tez sonrosada, tirando al rosa vivo e incluso al rojo cuando se enfadaba, gustaba mucho a los duendes, que adoran el rojo. Por eso, le habían puesto el apodo cariñoso de Gretel-Guinda, lo cual la enfadaba muchísimo.

Una tarde, de regreso a su casa, con la piel enrojecida por el sol, pasó ante la casa de Benjamín, que era el más bromista de todos los duendes.

Para no oír una vez más sus bromas, Gretel se puso a caminar de puntillas. Pero Benjamín, tumbado en su hamaca, la había visto a lo lejos, pues había dejado la puerta entreabierta, y se puso a gritar para que lo oyesen todos en el momento en el que pasaba:

Gretel-Guinda,
sus mejillas son rojas,
y es retaco y linda.

Era una pequeña broma que creyó sin consecuencias.

Se equivocaba.

Gretel se precipitó hacía él y, viéndolo tumbado en la hamaca, lo empujó con tanta fuerza que Benjamín, tras girar varias veces sobre sí mismo, se encontró prisionero de su hamaca como una mosca en una tela de araña.

Riéndose con una fuerza tal que contrastaba con su pequeña estatura, Gretel se quedó mirándolo unos instantes y luego se fue a su casa.

Benjamín, incapaz de liberarse por sí mismo, se quedó así durante una semana sin comer ni beber.

Moraleja: reírse de las chicas feas es cruel, pero reírse de las guapas puede ser francamente peligroso.

6 de julio

Ulf, el calvo

A Ulf Lobo le obsesionaba la caída de su pelo. Todas las mañanas, recién levantado, se miraba en el espejo, examinaba una coronilla cada vez más grande y se daba masaje suavemente en el cráneo con grasa de pollo, pues le habían dicho que ese remedio le conservaría el pelo. Su padre era calvo desde hacía mucho tiempo, y su hermano también.

«No cabe la menor duda —se decía—: yo también me quedaré calvo. Pero, cuanto más tarde, mejor».

A sus amigos les importaban un comino sus problemas de pelo, y, como lo veían tan preocupado por ello, se burlaban de él a la menor ocasión:

—Un lobo calvo, qué gracioso..., ¡y, sobre todo, qué raro! —le decía Noemí, una joven loba que no tenía pelos en la lengua—. Un *ratón* calvo, sí, ¡pero un lobo!...

—Deberías ponerte una gorra —le decía Alex—; parecerías más limpio. Esos cuatro pelos negros sobre la piel blanca son bastante repugnantes.

—Mira, por lo menos, ahora que ya eres calvo —le decía Sol—, ya no puede pasarte nada peor. A no ser que pierdas *todos* tus pelos. Pero eso es imposible, ¿no?

Estas burlas le hacían sentirse muy desgraciado, sobre todo las de sus amigas Sol y Noemí, que le parecían muy atractivas.

Un día decidió hacerse una implantación, es decir, ponerse unos mechones de pelo en el cráneo con una especie de grapadora. Era una operación muy dolorosa, y además tenía que llevar un vendaje enorme durante algún tiempo.

Ulf no tenía valor suficiente para encontrarse con sus amigos con ese vendaje blanco, que parecía un turbante, en su cabeza. Y decidió encerrarse en casa durante una temporada.

Sus amigos, preocupados por su prolongada ausencia, fueron a verlo. Respondió, sin abrir la puerta, que estaba enfermo y que saldría en los próximos días. Le agradó que sus amigos se preocuparan de él. Incluso le sorprendió.

Al cabo de ocho días, Ulf reapareció triunfante, con el cráneo coronado por unos bucles dorados, negros y grises.

Unas risas ahogadas le recibieron.

Regresó a su casa y cerró la puerta con llave.

Diez años después, aún no se hablaba de otra cosa más que de la *nueva peluca* de Ulf.

Ninguna loba vivía con él. Noemí y Sol se habían casado.

Sin embargo, cuando estaba calvo, aún tenía posibilidades.

7 de julio

Mariam, la manitas

—Ya está —dijo Mariam, la ratona—. Ya he terminado de hacer bricolaje y ahora no sé qué otra cosa hacer. Soy incorregible, no soy capaz de disfrutar de la vida.

Mariam hacía bricolaje para todo el mundo, para todos los ratones de la comunidad, pues ninguno estaba realmente dotado para ello. Acudían a verla ante el más mínimo problema técnico: desde la pequeña avería en una calculadora hasta el hundimiento de un túnel.

Mariam sabía hacerlo todo y, para su desgracia, se veía implicada en todo.

—Tía Mariam, ven, mira, ¡se me han quedado los dientes clavados en una corteza de queso!

—¡Tiíta Mariam, se me ha estropeado el horno!

Etcétera, etcétera.

Su nombre casi siempre iba precedido de «tía» o «tiíta», pues era tía de muchos ratones, pero no era madre de ninguno.

No había tenido tiempo para dedicarse a encontrar marido, y menos aún para tener hijos y encargarse de su cuidado.

Ahora que tenía tres años y que era adulta, lo lamentaba.

—¡Ya voy, niñas, ya voy! —dijo.

Y se enjugó una lágrima, que olvidó inmediatamente al ponerse en marcha.

8 de julio

La mudanza

Decidir cambiar de casa nunca es poca cosa. Incluso para las marmotas.

Juana había hablado de ello hacía ya tiempo con su marido, pues las marmotas son menos caseras que ellos.

—Estaremos mejor al otro lado del valle —dijo Juana—; allí, hay sol por lo menos hasta las ocho, mientras que aquí anochece a las cinco en pleno verano. ¡Estoy harta!

—Ya sabes lo que me cuesta moverme —contestó Juan.

—¡Ah! Sí —dijo Juana—. Lo sé demasiado bien. Nunca quieres viajar. ¡Me habría gustado tanto cruzar una frontera al menos una vez en mi vida!

—¿Es un reproche? —dijo Juan.

—No, es un arrepentimiento... Un pequeño arrepentimiento, pero arrepentimiento al fin y al cabo.

—¡Mucho peor! —exclamó Juan con un suspiro forzado—. En un reproche hay una esperanza de cambio, mientras que en un arrepentimiento...

Juana miró a Juan, que no levantó la mirada de su periódico, y se preguntó si él aún la querría. Juan continuó leyendo el periódico, y ella no obtuvo ninguna respuesta.

Al final de la semana, Juan aceptó, sin entusiasmo, mudarse.

Como todo el mundo sabe, las casas de las marmotas son muy acogedoras, por lo que la mudanza fue de envergadura. Había baúles repletos de mantas de lana de los Pirineos, manteles de damasco bordados, una vajilla holandesa, armarios repletos de paños flamencos de delicados colores.

Por la noche, Juan, mientras transportaba un último mueble pequeño, cerrado con llave, preguntó a Juana:

—¿Qué es esto? Dónde está la llave de este trasto?

—¡No es un trasto! —dijo Juana— Es mi escritorio. En él escribo mi diario íntimo.

—¿Tu diario íntimo? —dijo Juan, sorprendido—. *¿Escribes un diario íntimo?* No me lo habías dicho nunca.

—¡Pues, no! ¡Pues, sí! Escribo un diario íntimo —dijo Juana—. No veo qué tiene eso de particular. Crees que sabes todo sobre mí, pero te equivocas, cariño.

—¿Y qué es lo que escribes en tu diario, si puede saberse?

—¡Claro que no! Por eso se le llama «íntimo»; si no, se le llamaría «diario público», ¿no?

—¡Qué desagradable eres!

—No soy desagradable, Juan, —dijo Juana, algo irritada—. ¡Es que me haces unas preguntas!...

Juan soltó de nuevo un profundo suspiro, y una lágrima asomó por el rabillo de su ojo redondo.

Juana lo miró y le dijo:

—Mira, Juan, *necesito* llevar un diario secreto. Es *indispensable* para mí tener algo secreto.

—¿Qué, por ejemplo? —dijo Juan con los ojos brillantes.

La lágrima de Juan resbaló y, al caer en su barriga, formó una mancha oscura en su peto de lino azul.

—¡Juan! —dijo Juana mirando la mancha con ternura—. No eres razonable.

Juana soltó un pequeño suspiro, pero no tenía nada que ver con el que había lanzado Juan poco antes. Era un suspiro de alivio: ahora sabía que Juan la quería todavía. Tranquilizada, le dijo:

—Bueno, no tengo inconveniente en leerte algunos pasajes, pero cuando hayamos terminado la mudanza.

Juan se puso de nuevo a trabajar con entusiasmo. Colocaron las dos últimas cajas de cartón en su caravana antes de que cayese la noche y dejaron definitivamente su casa cuando salió la luna.

Una vez en su nueva casa, Juan recordó a su mujer lo del diario íntimo. Juana hizo lo que había prometido e incluso mucho más: le leyó numerosos pasajes de su diario, los que pensó que estaban mejor escritos.

Pero ¿acaso no era una equivocación?

9 de julio

El parabesos

A Miki no le gustaban los besos.

Buscando un medio para desagradar a las conejas (los machos no se besan entre ellos, y por lo tanto no tenía por qué protegerse de estos), se untó mermelada por las mejillas, lo cual produjo el efecto inverso del que él se esperaba: las conejas no se conformaron con besarlo, sino que se pusieron a lamerlo.

Decidió entonces ponerse un capirote, pero estuvo a punto de morirse de calor. Después se le ocurrió llevar gafas eléctricas, pero le producían descargas nada más ponérselas.

Como último recurso, fue a ver a Ab the Rab, el viejo conejo inglés, que sabía casi todo de todo.

Ab le dijo:

—Es muy fácil: ¡solo tienes que llevar un parabesos!

Ya estaba solucionado.

—¿Y qué es un parabesos? —preguntó Miki.

—Descúbrelo tú mismo —contestó Ab.

Miki, furioso, pensó: «Siempre pasa lo mismo con Ab; todo hay que hacerlo por uno mismo, por aquello de «desarrollar la inteligencia».

Fue a ver a su madre y le preguntó:

—Dime, mamá, ¿sabes lo que es un parabesos?

—No —le dijo su madre—, no tengo ni idea. Por cierto, ¡no me has dado un beso esta mañana! ¡Ven acá, bonito mío!

Miki se fue corriendo a su habitación y cerró la puerta con llave.

«En el fondo —pensó—, solo hace falta una especie de cristal redondo, un cilindro transparente que dé toda la vuelta a la cabeza y que baje hasta los hombros, de tal manera que no te puedan besar por ningún lado, incluso por sorpresa, como hace tantas veces mi madre».

Su hallazgo tuvo mucho éxito. Todos los conejos de su edad quisieron tener también un parabesos.

El viejo conejo estaba, pues, en lo cierto. Reflexionando, Miki había encontrado por sí mismo la solución al problema. Había inventado el parabesos.

En cuanto Miki cumplió catorce años, tuvo el problema inverso. Quería que las conejas le besasen sin parar. Pero ellas ya no le besaban. El viejo conejo le dijo entonces:

—Es muy fácil: solo tienes que inventar un atraebesos. Y no me preguntes «¿qué es un atraebesos?». ¡Descúbrelo tú mismo!

Pero, esta vez, Miki no lo descubrió.

10 de julio

Iván, el perezoso

Esa mañana, Iván, el lagarto, tomaba el sol en la playa. Era un sol abrasador, como gusta a los lagartos. No soplaba nada de viento.

Iván se adormiló. Esmeralda, su mujer, le dijo:

—¡Iván! Vete a hacer la compra. ¿No crees?

Iván no respondió. Hizo como que no la había oído.

Esmeralda sacó la cabeza de su agujero y le dijo:

—Solo tienes que comprar moscas congeladas. En Bigar. Es rápido y están muy buenas. Además, a los niños les encantan. ¡Iván!... ¿Me escuchas?

Pero los lagartos nunca tienen prisa.

—¡Reptar con este calor! —susurró Iván tras un largo silencio—. ¿No podemos esperar a que haga un poco más de fresco? Iré luego..., ahora se está tan bien...

—¿Y los niños? ¿Qué van a comer los niños? —preguntó Esmeralda.

«Es verdad —se dijo Iván—, hay que pensar siempre en los niños».

Se quedó quieto durante un momento.

—¡Bueno! —dijo Esmeralda—. ¿Vas o no?

—De acuerdo, ya voy —contestó Iván.

De la playa al mercado la pista era ardiente, y larga..., muy larga...

Hasta la mitad del camino Iván no se dio cuenta de que no tenía hijos.

¡De nuevo le había engañado!

11 de julio

La historia de Benedicta

Aunque sea triste decirlo, las hormigas son para los osos como los cacahuetes para nosotros.

Oscar observaba una hilera de hormigas y se preguntaba por cuál empezar.

Vio una un poco rezagada que le llamó la atención. Y, zas, se la comió. No sabía que esta hormiga tenía una historia.

En efecto.

Benedicta era una hormiga perezosa y sus compañeras de trabajo acababan siempre regañándola. En lugar de llevar inmediatamente todo lo que encontraba a su majestad, la reina, se detenía de cuando en cuando para resoplar. Era conocida entre todas sus compañeras por esto. Al principio, estas se habían burlado sin más de ella, pero, después, al ver que trabajaba menos que el resto y que hacía bajar el rendimiento del hormiguero, decidieron denunciarlo a la dirección.

Primero le retuvieron la comida durante un mes, lo que hizo que Benedicta fuera, por supuesto, aún menos eficaz. Para castigarla por esta nueva falta de eficacia, la encarcelaron. Allí, se produjo ya la caída en picado:

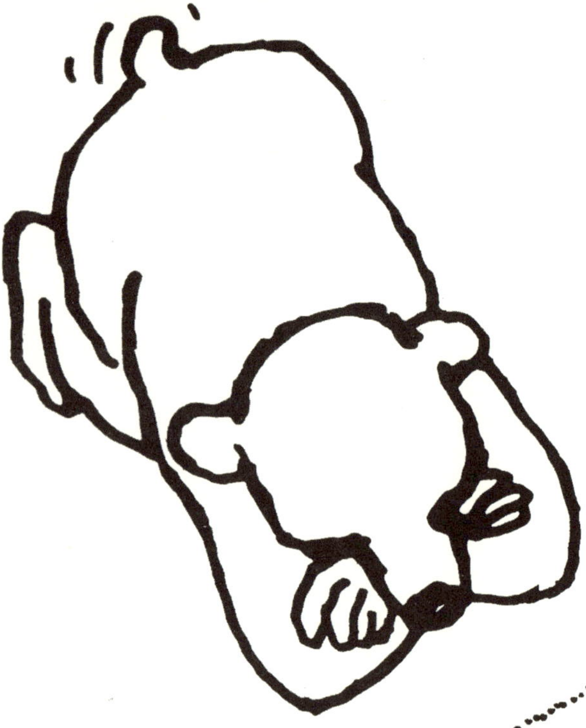

conoció
a una banda de
hormigas que le en-
señaron lo que son de ver-
dad malos modales.

Cuando salió de prisión, Benedicta se dijo que se vengaría.

Pero no tuvo tiempo.

Oscar, el oso, se había cruzado en su camino.

12 de julio

La boda de Yasmina

Las callejuelas de Hammamet rebosaban de gente. La ciudad, siempre blanca, estaba completamente dorada por el sol. Eran las ocho de la tarde. Las tiendas de recuerdos acababan de abrir y Yasmina miraba a los paseantes a través de la celosía de su ratonera excavada a ras de suelo. Soñaba con los viajes que hacían los humanos, y que ella, una ratona corriente, nunca realizaría.

Acababa de casarse. Unos meses antes, aún pensaba que su matrimonio le abriría las puertas del mundo. Por eso lo había estado esperando con tanta impaciencia. Como era un matrimonio arreglado por sus padres, no conocía a su futuro marido, y cuando lo vio por primera vez no le decepcionó: Rachid era bello, grande (era, más que un ratón de campo, todo un superratón de campo), inteligente y rico.

Pero pronto se desengañó. Rachid no le dejó —fuera de la casa— ninguna libertad. Todo le fue prohibido. Encerrada en el hogar mientras él deambulaba entre los cubos de basura con sus amigos, Yasmina tenía que limpiar, ordenar, lavar, cocinar y, sobre todo, no olvidar ponerse guapa para cuando él estuviese de vuelta por la noche.

Los primeros días pensó que todos los maridos eran así. Pero, hablando con su amiga Francesca, que también acababa de casarse, se dio cuenta de que Rachid no era como los otros maridos. Inmediatamente, quiso cambiarlo por el marido de Francesca, pero esta no estuvo de acuerdo.

«No me cuesta nada volver a intentarlo —se dijo Yasmina— dentro de unos días».

—¡Estás loca! ¿Por qué tendría que cambiarte a mi marido si me gusta y si le quiero?

—¡Para ser amable con tu mejor amiga! —le contestó Yasmina, asombrada.

—¡Creo que estás realmente loca! —dijo Francesca.

—¡Por favor! —suplicó Yasmina.

—Bueno, de acuerdo —dijo Francesca.

E intercambiaron sus maridos.

Para Yasmina todo fue bien.

En cuanto a Francesca, no se dejó dominar por Rachid. El mismo día de su matrimonio, lo puso a trabajar y, contra todo pronóstico, Rachid fue siendo cada vez más amable.

En definitiva, no hay más que saber realmente lo que uno quiere.

13 de julio

Los fuegos artificiales

Entre los duendes, los fuegos artificiales consisten ni más ni menos en un lanzamiento de luciérnagas, y estas, por lo general, aceptan desempeñar este papel previo pago. Pues todo trabajo merece un salario.

Era la primera vez que Lilí participaba en los fuegos artificiales. Se trataba de una luciérnaga joven, por lo que su iluminación todavía no estaba muy perfeccionada, pero —eso pensó su jefa, Lucía—, perdida entre el resto, cumpliría su papel.

Todos los duendes se habían reunido cerca del río y se esperaba el acontecimiento anual bebiendo y cantando como siempre.

El sol se puso. Aún se oyeron algunos gritos, algunas injurias y también algunas declaraciones de amor, y después, cuando la noche cayó totalmente, se hizo un gran silencio.

Lucía, furiosa, prohibió a las jóvenes que se iluminaran, pues, según ella, no les habían pagado. Hubo un murmullo general: algunas luciérnagas desaprobaron una acción tan tajante. Otras, que como Lilí no habían participado en ninguna fiesta, se sintieron decepcionadas. Y otras dijeron estar a favor de presentar una reclamación, pero estas últimas fueron recriminadas inmediatamente por Lucía, que con razón les recordó que las luciérnagas no sabían ni escribir su nombre.

Cuando se abrió el gran saco, las luciérnagas echaron a volar en medio de la oscuridad sin emitir la más mínima luz.

Y esa noche, como tantas otras noches de verano, no se vio ninguna luciérnaga.

14 de julio

El misterio del 14 de julio

El 14 de julio es el día más esperado por las hormigas. Durante todo el año preparan esa jornada. Día tras día, perfeccionan su paso, sacan brillo a su piel, bruñen sus mandíbulas y enceran sus zapatos.

Pero ¿para impresionar a quién? Misterio.

15 de julio

Radio Macuto

Hacía por lo menos unos 35 o 36 grados centígrados de temperatura a la sombra de los plátanos. Apenas se podía respirar. La pequeña fuente del pueblo se había secado desde hacía casi un mes y la vida era cada vez más dura para todo el mundo. Sobre todo para las cucarachas de La Garde.

En cuanto a las ranas, los sapos, caracoles, etcétera, esa es otra historia.

Jorge había llegado desde París en la maleta de un representante de calcetines biológicos (hechos con fibras suaves y naturales) y había tenido un viaje agradable, en una vagón climatizado y regulado a una humedad del 80%. Pensaba pasar unas bien merecidas vacaciones en el pueblo de Magali, su prima del Midi, una cucaracha tan bella como negra, de grueso abdomen, arrugada como una pasa y gran cocinera, que vivía en una cueva próxima a la fuente, debajo de la panadería.

Cuando salió de su maleta, se encontró en una pequeña habitación de hotel pintada de amarillo y con las persianas bien cerradas. Era tanto el calor que hacía y el aire era tan seco que, después del fresquito del viaje, Jorge tardó en recobrarse.

Se dirigió al centro del pueblo, entró fácilmente en la canalización de la fuente y, de repente, se encontró con un entierro ¡Había sucedido una desgracia! Todas las cucarachas del pueblo estaban reunidas. El difunto era el viejo Andrés, conocido como Andi, o también como Radio Macuto. Jorge localizó a su prima sin dificultad entre la multitud: con su vestido criollo ahuecado, de color azul celeste, de otra época, pero tan alegre frente a los trajes negros del resto de la gente, y con sus pendientes de oro colgando de sus antenas, no pasaba precisamente desapercibida.

—¡Buenos días, guapísima! —le dijo él, acercándose para besarle una de sus numerosas manos.

—¡Bueno, bueno! ¡Pero si es el parisiense! —dijo Magali, halagada por ese gesto en desuso, que ella encontraba totalmente encantador—. ¿Qué tal el viaje?...

—Excelente, gracias —respondió Jorge.

—¡Has visto qué calor hace! ¡Virgen Santa! Lo nunca visto. No sé cómo podemos resistirlo. ¡El pobre Andi no pudo! Se ha quedado seco como un higo en el techo de la iglesia. Y tú ¿qué tal estás?

—Estoy bien —respondió Jorge—. ¡Muy bien! Al menos por el momento... Un poco sorprendido por este calor, pero... bien. Y... ¿quién era él? Cuéntame. Me acaban de decir que le llamabais Radio Macuto... ¿Por qué?

—¡Oh, tiene fácil explicación! —dijo Magali—. Sus antenas funcionaban tan bien que oía todas las historias de los vecinos. E inmediatamente iba a repetirlas en voz alta al café de *La fuente clara,* que está aquí en la plaza, mientras se tomaba un trago. Así que he de confesarte que entre nosotros hay muchos que no lo lamentan en absoluto.

—¡Ah! ¿Y por qué? ¿Qué tipo de historias contaba —preguntó Jorge con interés.

—¡Oh! —dijo Magali—. ¡Historias horribles! ¡Qué vida tiene la gente, es para no dar crédito! Mira, te voy a contar una de esas historias, una sobre Ángela, ya verás.

Ángela estaba allí también, como todo el mundo. De pie, en un rincón oscuro de la canalización, pálida como una cucaracha del Norte, menuda, con su vestido tubo, bajaba los ojos tímidamente. Cuando Jorge la vio, la encontró tan seductora que su interés por la historia que iba contarle Magali se redobló.

«A pesar de este calor insoportable —pensó—, mis vacaciones no empiezan nada mal».

16 de julio

Una pareja muy desgraciada

Idris y Cloé esperaron a que los bañistas se marchasen para ir a besarse entre las olas.

Se abrazaban siempre entre las olas, tanto en invierno como en verano. Pero ¿realmente se besaban? Al ser cangrejos, nadie podía distinguir si se estaban besando o peleando.

Y esto los hacía sentirse muy desgraciados.

¿Por qué les importaba lo que pensaran los demás? Nadie lo sabía.

17 de julio

Dos ratones de campo

Dos ratones de campo, tumbados de espaldas en lo alto de un montículo de tierra suave y cálida, con una paja en la boca y la mirada perdida, conversaban.

—A mí me gusta el maíz todavía verde, como el de ahora —dijo Aldo—, porque eso significa que el verano apenas comienza.

—Pues ya ves —dijo Nad—, a mí me gusta que las golondrinas estén ya sobre los cables, allá arriba.

—¡Qué diferentes somos! —suspiró Aldo—. Yo pienso en el futuro y tú en el pasado. ¿Y pretendes que vivamos juntos?

—Pues sí —contestó Nad—. Por qué no.

—Impensable —dijo Aldo.

18 de julio

El reloj de Violeta

—Para mi decimoquinto cumpleaños —cuchicheó Violeta a su padre—, me gustaría que me regalases un reloj, pero no cualquier reloj, sino uno en el que yo misma pueda leer la hora.

Efectivamente, los ratones tienen un problema con los relojes: no pueden llevarlos en la muñeca por la siguiente razón: porque no tienen muñeca. Por eso, en vez de relojes de pulsera, necesitan relojes de collar; pero, como al mirar la esfera se topan con su hocico, se ven obligados a preguntar siempre a alguien la hora. Y esto era lo que Violeta quería evitar a toda costa para demostrar así su independencia de ratona de quince años.

Al relojero se le ocurrió una idea: prolongar el collar, de modo que el reloj colgase.

Claro que, si Violeta echase a correr, el reloj se balancearía, cosa que ella odiaba.

Al ver a su amigo Benjamín, a Violeta se le ocurrió otra idea.

Benjamín era sordo y, cuando pedía a alguien que le dijera la hora, este tenía que «gritarle al oído». Por lo tanto, solo tenía que conseguir un reloj que «dijera» la hora y ponérselo en el oído.

Pero estos relojes solo existían en Japón, y ella no conocía allí a ningún ratón.

En cuanto a ir a Japón, ni pensarlo, porque odiaba viajar en avión.

Salvo, y siempre en último extremo, si fuese en primera clase. Pero eso estaba muy por encima de sus posibilidades y de las de su padre, un modesto ratón jubilado.

19 de julio

Nico y Fred

Nico y Fred vivían en el mismo cerezo.

Levantarse siempre había sido un fastidio para Nico. Y lo que más le gustaba en este mundo más que dormirse era «volverse a dormir». Por eso, no odiaba que lo despertaran, aunque lo hicieran varias veces. Esa mañana, Fred Mirlo, el vecino y compañero de Nico, se encontraba en plena forma. Posado en su rama desde las cinco de la madrugada, se había puesto a cantar a voz en grito una nueva canción que había aprendido en el desfile de las hormigas unos días antes; era una canción alegre y cadenciosa. Nico se despertó sobresaltado.

—¡Ya basta, no! —gritó Fred—. ¿Qué te pasa? Ni siquiera ha amanecido.

—Cui-cui-cuicui-cuicuicui-cui-tralalá-cui-tralalá-cuicui —dijo Fred sin inmutarse.

—¡Estás enfermo! —dijo Nico intentando volverse a dormir.

—Cuicuicui-cui-tralalá-cuicui-tralalá.

—¡Pobre chico! —mascculló Nico.

Ya estaba totalmente despierto. Había comido mal la víspera. Tenía un gusto de caracol muerto en la boca.

Para que se le pasara, cogió una cereza que colgaba sobre su cabeza y, aunque estaba podrida, escupió el hueso sobre Fred y se la tragó. Fred ni se movió. Después, cerró los ojos y logró volver a coger el sueño interrumpido...

Soñó que era un águila y que volaba sobre los Cárpatos. A lo lejos, las cimas nevadas brillaban bajo las nubes negras y violetas. El viento le llevaba de acá para allá..., no tenía que hacer ningún esfuerzo..., planeaba. Era una sensación desconocida para él como mirlo. A lo lejos, alguien cantaba...

Era el estúpido de Fred, que le anunciaba el día con su nueva canción militar. Cui-cuicui-tralalá.

Las cinco de la mañana. ¡Venga! Cinco minutos aún...

Intentó volver a coger el sueño de nuevo..., pero no lo consiguió.

Abrió un ojo, cogió otra cereza y escupió el hueso sobre Fred, que esta vez recibió el golpe en el ojo. Por fin, dejó de cantar y echó a volar.

«¡Uf! —pensó Nico—. Dos minutos más. Cerraré los ojos».

Pero la noche había pasado. Ya era de día.

20 de julio

El destino

Estaban todos reunidos para cenar en casa de Marj. Cada uno en su rama. La tarde caía y los ruidos del día comenzaban a apagarse. La atmósfera era pesada. Se anunciaba una tormenta.

Unas nubes gruesas, primero grises y luego negras, oscurecieron bruscamente el bosque.

Empezó a lloviznar, pero, como todavía no había calado dentro de los árboles, todos conservaban su plumas secas y bien peinadas y nadie estaba de especial mal humor.

Cuando la lluvia reemplazó al calabobos, todos se habían dirigido lentamente hacia los cómodos agujeros del tronco del castaño. Después, los goterones de lluvia fueron seguidos por un violento trueno acompañado de una ráfaga de viento. Entonces, cada cual, intentando encontrar refugio, se metió en el agujero más próximo.

La tormenta sorprendió a Ed más que al resto, hasta el punto de que le hizo caerse del árbol. Pudo levantarse sin dificultad, pero estaba cubierto de barro y había perdido sus gafas.

Subiendo a tientas en la oscuridad, se equivocó de árbol y llamó a la primera puerta. Era la de una ardilla desconocida que le hizo pasar a su casa sin ceremonias.

Esto es el destino.

21 de julio

Carlo Violi

(cuento italiano)

Al llegar al puente de los Suspiros, Carlo Violi sintió que un escalofrío recorría su columna vertebral desde el cogote hasta la punta del rabo, que de inmediato empezó a temblar. Era una rata miedica.

Comprendía perfectamente por qué le habían puesto ese nombre al puente: era siniestro.

Carlo había llegado a Venecia en un cargamento de arroz. Había estado viajando durante un mes entero desde Génova en la sala de máquinas del carguero *Aghios Nicolaos*, y pensaba que el suelo de Venecia se movía tanto como el barco —si no más— y que había mucha más agua en las casas que en la bodega del viejo barco griego que lo había transportado.

Carlo pensaba que, viajando a Venecia, por fin le sucedería algo en su vida.

¡Venecia tenía tanta fama! Y, si no le pasaba nada especial, al menos tendría algunos recuerdos de vacaciones que conservar.

Hasta ese momento, realmente no había pasado nada en la vida de Carlo, que nunca abandonaba su cueva de

Génova. En el mes que llevaba de viaje, no había salido del carguero, pues había suficiente comida a bordo y las viejas cuerdas usadas le resultaban cómodas. ¿Para qué buscar nada fuera?

Por eso, Carlo se preguntaba qué le había llevado esa noche a dejar el barco.

Una vez en el puerto, seguía intranquilo. Algo le decía que debería estar al acecho permanentemente si no quería tener problemas.

A pesar de haber visitado interminables pasillos de hotel, casas llenas de viejos muebles encerados, camas con sábanas bordadas, magníficas cocinas —unas que olían muy bien y otras muy sucias— y conductos de chimenea sin fin, nunca había sentido el peligro como aquí, en este canal, cerca de este puente.

En una esquina del palacio Gritti, Carlo oyó gritar: «¡Tengo uno!».

En ese mismo instante recibió un golpe en la cabeza y se hizo la oscuridad.

Nadie sabe cuánto tiempo después se despertó en una caja con otros prisioneros procedentes de todos los países.

Había incluso un gato turco entre ellos, pero en tan mal estado que resultaba inofensivo.

Pocas personas saben que esa misma noche fue convertido en unas cuantas decenas de montoncitos de carne picada envueltos en una pasta, que se cuecen en agua, que se condimentan luego con todo tipo de salsas para no sentir demasiado el sabor, y que concretamente se llaman raviolis.

22 de julio

Lina, la egoísta

Era de noche. Lina, la ratona morena, viajaba con sus amigos en el tren.

Allí estaban Francisco, el melancólico; Isa, la rubia; Dodi, el seductor; Lucas y Sandi, el joven matrimonio, y su bebé, Claudio. Claudio no era un bebé desde hacía ya tiempo, pero como iba siempre con el biberón, lo llamaban «el bebé».

En el compartimiento de al lado la conversación era muy animada. Había un joven que tocaba muy bien la guitarra. Era una familia de lemings, esos ratones-gitanos del Norte. El aire era seco y todo el mundo estaba muerto de sed. A ninguno —excepto a Sandi, para su bebé Claudio— se le había ocurrido llevar provisiones de bebidas.

—¡Mira! ¿Desde cuándo los lemings van en tren? —dijo Isa, la amiga de Lina, para pensar en otra cosa que no fuese la sed—. Yo creía que iban siempre caminando o en caravana.

—¡Cretina —dijo Lina—, son ratones como todos los demás!

De pronto, el tren se averió. Estaban en campo raso. La pequeña luz que había encendida en el compartimiento se apagó. La oscuridad fue total. Esta repentina oscuridad hizo que todo el mundo se quedase callado, y luego, poco a poco, los lemings entonaron una especie de canto (u oración) acompañada por la guitarra del joven ratoncillo.

Todo el mundo escuchaba sin entender las palabras, pero quedaron prendidos por la belleza de la música.

Lina aprovechó para abalanzarse sobre el biberón de Claudio y se lo bebió totalmente.

Así era Lina.

23 de julio

Una velada en la isla

Mat miraba al mar: sobre el horizonte, al Oeste, unas pequeñas nubes tenían el aspecto de darse la mano y parecían muy apacibles vistas en la lejanía. En realidad, se trataba de nubes de tormenta en alta mar. Mat pensó que allá, a lo lejos, debía de haber un auténtico temporal. Pero por su zona no podía apreciarse, solo se oía el murmullo metálico de las olas contra el coral.

Mat había construido una terraza de madera para tomar el té delante de su pequeña cabaña, hecha de una maraña de ramas desgastadas por el mar. Esperaba, como todas las tardes, la visita de su novio. Desde hacía algún tiempo, Gigi venía «supuestamente» a ver la puesta de sol, y juntos esperaban «supuestamente» el rayo verde conversando de las más diversas cosas.

Se habían conocido un domingo en el mercado de la capital, bajo un puesto de flores, y desde entonces se veían todas las tardes.

Mat tenía el pelo oscuro y los ojos negros de los ratones indígenas de la isla, y Gigi, el pelo blanco, la piel rosada y los ojos rojos de los ratones de laboratorio. De hecho, vivía allí: en un laboratorio farmacéutico. Se escapaba todas las tardes burlando la vigilancia de los guardias, que a esa hora jugaban a las cartas, pero volvía siempre, porque, como él decía, allí tenía la seguridad de un empleo y, además, estaban los amigos.

En una ocasión, Gigi había sacado de sus casillas a Mat por llegar a su cita con una hora de retraso, pero ahora ¡el retraso era de dos horas! Mat se moría de preocupación.

«¿Y si le habían utilizado para un experimento?», pensaba mientras hacía y volvía a hacer un té helado, cuyos hielos se fundían con los últimos rayos de sol.

Cuando el sol desapareció, Mat sintió un enorme escalofrío. Creyó ver por primera vez el famoso rayo verde que esperaban siempre los dos.

«¡Es una señal! —pensó Mat—. ¡Algo le ha pasado a Gigi! ¡Si llama ahora, le pido que se case conmigo; lo juro! Ya no irá más al laboratorio! ¡Nunca más!».

Al salir del laboratorio, Gigi se había quedado rezagado con sus amigos del café de la calle de París, un lugar especialmente sucio, cuyas papeleras, repletas de cadáveres de langostas y mondas de melón y de patatas, eran conocidas y apreciadas en toda la isla. Después, había perdido mucho tiempo buscando un medio de transporte para ir a casa de Mat. Al final, había encontrado un camión de caña de azúcar que seguía la ruta del litoral y que llegó a la playa cuando ya era noche cerrada, hacia las siete y media.

A lo lejos, Gigi vislumbró una luz en casa de Mat y pensó que debía de estar muy preocupada si realmente él le importaba.

Y si realmente le importaba, ¿por qué no había tomado ella aún la iniciativa?

No había tomado aún la iniciativa porque sin duda era tan tímida como él.

«Pero entonces —pensó de repente— puede que un día, sin que yo me lo espere, ¡me pida que me case con ella!».

Entre el estrépito del camión que iba a toda velocidad, Gigi se puso a silbar.

24 de julio

Jef

Jef, un ratón de origen marroquí, se pasaba la vida por los caminos en busca de su padre desaparecido.

—Ve, hijo mío —le había dicho su madre—. ¡Márchate! Ve a buscar a tu padre, que nos ha abandonado. ¡Deja que tu madre muera de hambre y de soledad! ¡Ve a consolar al culpable de ello!

Jef sabía perfectamente que su madre podía arreglárselas por sí misma, y que además no estaba completamente sola: era madre de un centenar de ratones, abuela de varios miles y bisabuela de… no se sabe cuántos.

Se fue, pues, tranquilo.

—Jef está loco. ¡Salir en busca de su padre desaparecido cuando el noventa y nueve por ciento de los padres ratones desaparecen sin dejar rastro!

Ese fue el comentario que todo el mundo hizo.

Provisto de una minúscula mochila (vacía), un gorro de astracán, para combatir el frío, tanto en invierno como en verano, y de un par de babuchas doradas, Jef recorrió el mundo. A fuerza de recorrerlo varias veces, se encontró a los mismos ratones y en los mismos lugares, algo completamente normal. Pero, cada vez que los veía, se quedaba estupefacto e invocaba a un dios cualquiera, al que responsabilizaba de esta increíble coincidencia.

Los ratones que se le cruzaban, bien por debilidad de carácter, bien por pereza mental, habían terminado por creer en lo extraordinario de este tipo de encuentros y consideraban a Jef como una especie de profeta de los ratones. Hasta tal punto que, cuando Jef pedía algo de dinero (o comida o alojamiento), todos estaban encantados de poder atenderle. Esto se convirtió en un acontecimiento en la vida de los ratones. Jef se aprovechaba de ello y pensaba, él también, sinceramente, que no era un ratón como los demás. Lo que, en cierto modo, era verdad.

Un día se encontró con Igor, al que había conocido el año anterior en el mismo restaurante. Igor cenaba tranquilamente con su hermana.

—¡Es inaudito! ¡Tú, aquí! —dijo Jef entrando en la sala del restaurante.

—¡No puedo creerlo! —dijo Igor—. ¿Qué es de tu vida? Siéntate y toma algo con nosotros.

—¡Oh, la verdad es que no puedo. —contestó Jef—. No tengo tiempo... Bueno..., solo cinco minutos... Qué alegría volver a veros a los dos, ¡tan guapos y en tan buena forma! ¡Eso quiere decir que la vida es bella! ¿No creéis?

María, la hermana de Igor, no dijo nada. Ella le conocía demasiado bien. Le había prestado su ratonera durante una noche y él se había quedado tres meses con sus amigos, que le habían destrozado todo.

La camarera, una ratona bretona y gordita, al ver acercarse a Jef, había fruncido el ceño y, tomándole por un vagabundo, le pidió que se fuese de allí.

—No, no —le dijo Igor—. El señor es un amigo. No se preocupe.

La camarera, inmediatamente, tomó a Jef por un artista, y le lanzó una sonrisa encantadora. Jef, sensible a las ratonas regordetas, casi se cae de espaldas, y la camarera, con una sonrisa redoblada, tuvo que ayudarlo a incorporarse.

—¿El señor cenará? —le preguntó.

—¡Tomarás algo, por supuesto! —dijo Igor.

—No gracias. Gracias, señorita. Yo nunca ceno. Como mucho, tomo alguna corteza de queso o algunas migas de cualquier cosa.

Jef pasó una excelente velada. Al escuchar la lista de sus desgracias (sin alojamiento, sin trabajo, con su madre en la otra punta de la Tierra), la camarera, compadeciéndose, le ofreció un pequeño sofá para dormir en su casa si ello podía serle de utilidad.

—Gracias —le respondió Jef—. Yo apenas duermo... Bueno, tal vez por una sola noche. Dos como máximo. ¡Es usted tan amable! ¿Cómo se llama?

25 de julio

Pedro, el cangrejo cubano

Pedro se aburría en el fondo de la barca de Manuel.

Le faltaba la música. Hasta entonces, todas las tardes, en el pequeño puerto en el que vivía, al este de La Habana, había podido escuchar desde su agujero excavado en la arena, la música procedente de *La Terraza*, un animado café al borde del agua. Y tres días antes, yendo de paseo, había cometido la estupidez de caer en esa barca. ¡Qué imbécil era!

Allí estaba esa tarde, aburrido y en remojo, con algunas gambas muertas como única compañía, y rodeado de un silencio de plomo. Cuando se hubiese comido las gambas, ¿qué haría? Ni siquiera las probó y cerró los ojos.

La mitad de su abdomen se remojaba en el agua, pero eso no era suficiente para refrescarse. El agua estaba caliente y el sol de las cinco pegaba muy fuerte. Además, había gasolina del motor en el fondo de la barca; olía espantosamente mal. ¡Realmente, estaba en apuros! ¿Quién iba sacarlo de ahí? ¿Quién iba a preocuparse por un viejo cangrejo cubano perdido en el fondo de una barca en medio del puerto? Había miles de cangrejos en su misma situación. «¡Qué desgracia!», pensó.

Dio algunas pasos en el agua, sin conseguir sumergirse del todo.

Entonces, apareció González, el pelícano, que llegaba de no se sabe dónde, se posó en el timón y lo vio.

26 de julio

Olla o sapo

En verano, cuando se pasean por la ciudad, las brujas no se visten obligatoriamente de negro, sino más bien de violeta, nunca de rojo, a veces de rosa, raramente de azul, y con frecuencia de amarillo. Puede reconocérselas en la calle del siguiente modo: cuando nos cruzamos con una mujer ni fea, ni con la nariz especialmente verrugosa (lo de las brujas feas y con la nariz llena de verrugas es una leyenda), vestida de rosa, de violeta, de azul o de amarillo, que intenta llevar disimuladamente una escoba (o incluso que no intenta disimularla), hay que acercarse y gritar fuerte a su oído (a veces son sordas): «Olla» o «Sapo!».

Si no reacciona, es porque no es una bruja, y entonces tenéis que pedir perdón; hay que ser siempre educado.

Si se sobresalta y os lanza una mirada (aparentemente) sorprendida, es porque sin lugar a dudas es una bruja (ya estáis advertidos y advertid de ello a todo el mundo).

Y entonces solo os queda salir corriendo.

27 de julio

Los caracoles

Prudencia era una caracola muy vulgar, una de tantas, ni más ni menos audaz que otras. Nadie sabe muy bien por qué sus padres le habían puesto Prudencia.

Sin duda, por temor a que le faltase la misma.

Sus amigos la querían mucho. Era dulce y apacible y, como era más sagaz que la media de los moluscos gasterópodos, en las reuniones de amigos, era ella la que ponía un poco de animación.

Prudencia tenía, pues, a su alrededor una corte de jóvenes caracoles que se quedaban pasmados de admiración en cuanto abría la boca y se reían a carcajadas a la menor de sus bromas.

Prudencia no se dejaba engañar: sabía que todos estos caracoles eran unos viles aduladores. Un día se hartó. Quiso cambiar de ambiente. El ambiente marino la atraía. «Los caracoles marinos son más divertidos —pensó— y, además, sus conchas son «distintas»». Se fue, pues, al mar. Pero, para ir al mar, ¡cuántos caminos tuvo que bordear o atravesar evitando ser aplastada!

Tuvo suerte. Llegó a la playa dos años después de haber salido de la capital y el sabor de la arena, desconoci-

do, salado y especiado, le resultó delicioso, misterioso, sin comparación con el gusto, pastoso e insípido, del pavimento.

Antes de llegar al agua, se encontró con un montón de gente de su especie: desde bígaros a ermitaños; de estos últimos, Prudencia pensó: «Son bastante raros, pero para nada son moluscos, como ellos pretenden; quizá por eso sean tan extraños».

Prudencia se convirtió en la mascota de la playa, una especie de princesa algo original y simpática que había ido a parar a la arena, lejos de su ciudad y de su familia. Parecía bastante feliz. Pero, un día, se sintió harta de nuevo; o más exactamente, sintió morriña. Y se marchó.

De regreso a casa, fue rechazada. ¿Había traicionado a los suyos y ahora pretendía volver y ser perdonada? Ni hablar. En lugar de recibirla calurosamente, la dejaron sola en una esquina. Incluso sus padres le pusieron mala cara, y sus amigos ni siquiera salieron de sus conchas.

Prudencia regresó al borde del mar. Sus padres la perdieron esta vez para siempre.

Cuando se pierde de vista a un caracol por segunda vez, nunca se le vuelve a encontrar.

28 de julio

Dos gemelas

Eva y Neli eran dos ratonas de campo hermanas. Tenían un bonito vello rubio en las orejas que destacaba del resto de su pelo uniformemente gris.

Les pasó lo que les pasa frecuentemente a las gemelas: se enamoraron del mismo ratón de campo. Este se llamaba Coco.

Con semejante nombre, Coco tendría que ser un ratón de campo imponente, pero no. Era un ratón de campo más bien tímido y no demasiado brillante en el colegio. Y esto era, en el fondo, lo que más les gustaba de él. Pues ellas eran bastante convencionales.

Un buen día, las ratonas quisieron casarse. Entonces, se planteó la cuestión: ¿A cuál de las dos amaba él?

Tras interminables noches de discusión, decidieron someterse a su elección y aceptarla.

Cuando se encontraron solas, se pasaron horas y horas arreglándose, confeccionando joyas y vestidos, al lado de los cuales el que Cenicienta llevó al baile del príncipe se diría sacado del cubo de la basura.

Coco se fijó atentamente en los suntuosos vestidos que llevaban y se preguntó por qué se habían vestido así; en ningún momento pensó que era para impresionarlo a él, a Coco, un pequeño ratón de campo sin importancia. Sobre todo cuando él creía que el corazón de las gemelas palpitaba por otros ratones de campo, en concreto por los dos gemelos musculosos que los tres habían visto un día en la playa.

Coco pensaba que las gemelas eran realmente amables con él, pero no veía en ello nada de extraordinario. Muchas ratonas eran amables, se decía él, y, si tuviese que creer que todas las ratonas algo coquetas que le sonreían pretendían algo de él..., sería el cuento de nunca acabar. Por su parte, las dos gemelas se impacientaban. ¿Hasta cuando tendrían que esperar para casarse?

Decidieron actuar. Tenían que hablar directamente con Coco. Era algo difícil, pero era la única solución para que al menos una de ellas fuese feliz.

Sin haberse puesto antes de acuerdo, las dos tuvieron la misma idea: vestirse de azul, pues, no se sabe por qué, ambas pensaban que era el color más seductor. Y se presentaron en casa de Coco.

—Buenos días... Aquí estamos... —dijo Neli, tras unos segundos embarazosos, a Coco, que estaba recién levantado, en chándal y en chancletas en el umbral de la puerta—. ¿Con cuál de nosotras te quieres casar?

Al ver a un ratón de campo tan mal vestido, con el pelo revuelto y los ojos pegados, las gemelas se sintieron algo decepcionadas, pero se negaron a ahondar en ese sentimiento, y de todos modos ya era muy tarde para echarse atrás.

—Las dos aceptaremos tu elección —añadió Eva, cerrando los ojos y, sin duda alguna, rezando interiormente—. ¡Con cuál de nosotras te quieres casar?

—¡Casar! ¿Cómo «casar»? —dijo él.

Y Coco, y eso que era un buen ratón de campo, por lo general amable y tímido, les cerró la puerta en las narices.

Y ahora, vista esta historia con perspectiva, podemos añadir: ¡Afortunadamente para ellas!

29 de julio

Julia, la distraída

1 de enero, 1 grado centígrado; 29 de julio, 29 grados centígrados.

«¡Es lógico! —pensó Julia—. Podría hacerse un refrán».

Julia estaba equivocada. Se cruzó con un ratón, y pensó que este bien podría objetarle: «¿Qué decir entonces del 1 de agosto? ¿1 grado centígrado?». Era estúpido.

—¿Por qué no? —dijo Julia—. ¡Nunca se sabe!

—¿Perdón? —dijo el ratón—. ¿Me decía usted algo?

Julia había respondido en voz alta a una pregunta que él no le había planteado, sino que ella se había planteado a sí misma. Así era Julia: distraída.

—¡Ah! Perdóneme. Estaba pensando que usted me reprendía por un razonamiento mío que usted encontraba absurdo —dijo Julia—. Soy un poco distraída.

—Nunca me habría atrevido —dijo el ratón—. No la conozco..., no tengo el gusto..., ¡quiero decir, el honor!... ¿Cómo se llama usted?

—Julia.

—¿Julia qué?

—Julia a secas. ¿Conoce usted a alguna rata que tenga apellido?

—No, pero tampoco había visto nunca a una pareja de ratas discutir como nosotros si lleva usted su lógica hasta el final.

—¡No se puede ser lógico hasta el final! ¡Eso no quiere decir nada! Además, nosotros no somos una «pareja de ratas!».

—Era una forma de hablar. Simplemente quería decir: dos ratas del sexo opuesto conversando si así lo prefiere.

—Es que, si lleva la lógica un poco más lejos, como parece querer usted hacer —añadió Julia—, tampoco nosotros existiríamos.

—¡Pero si no «existimos»! —dijo la rata—. Somos personajes de cuento.

—Es verdad —dijo Julia frunciendo sus bonitas cejas—. Se me había olvidado. Y ¿cómo se llama usted?

30 de julio

La boda de Sebastián

—¡Han apresado a Sebastián! ¡Han apresado a Sebastián! —gritaba Mariana, que corría a campo traviesa para avisar a todo el mundo.

Hay todo tipo de conejos: algunos nacidos en prisión, y que no salen nunca (conejos de angora, conejos enanos, conejos carnero, etc.), que jamás han conocido la libertad y que llevan bastante bien la cautividad, y que, en cualquier caso, nunca caen enfermos.

Sebastián no era de estos: él era un auténtico conejo de campo.

Desde que lo encerraron, quería dejarse morir y adelgazaba a ojos vista.

Mariana tuvo una idea. Para sacarlo de allí, iba a casarse con él. Conocía a Sebastián de toda la vida. Nadie se sorprendería de sus intenciones.

Detrás de sus barrotes, Sebastián aceptó. Estaba muy emocionado y muy sorprendido por este detalle. Pero ¿cómo iban a arreglárselas para la ceremonia?

—¡Nada de ceremonia! —dijo el vigilante, un pastor alemán—. Me parece muy bien que os caséis, ¡pero ni hablar de ceremonia! ¡Ni iglesia, ni templo!

—Entonces, ¿qué vamos a hacer? —preguntó Mariana.

—Lo único que os concedo —dijo el vigilante— es una hora de apertura de la jaula. ¡Y soy muy bueno! ¡Pero cuidado! Si hubiese un intento de evasión... —e hizo un signo terrible a Mariana, un signo que quería decir claramente que Sebastián sería convertido en pastel de conejo.

No hubo, pues, ceremonia alguna.

La jaula de Sebastián se quedó abierta durante una hora, y Mariana se quedó, muy formal, a su lado. Aunque el vigilante los dejó solos, no intentaron fugarse. De todos modos, no tenían ninguna oportunidad de atravesar la tapia del corral.

Se quedaron allí, sentados uno junto al otro, en la paja, sin decirse nada, durante una hora.

Cuando Mariana se fue, Sebastián dejó de estar triste y se puso a comer tranquilamente.

31 de julio

Vainilla

A las 6 en punto, Freddy se tomó una sopita de verduras sin gusanos ni ninguna otra cosa para acompañarla. Con el calor que hacía, tampoco tenía muchas ganas de comer. Aunque no era solo el calor lo que le quitaba el apetito. Desde la marcha de Vainilla, ya no disfrutaba como antes de los placeres de la mesa.

A las 7 se acostó.

A medianoche, todavía no había conseguido dormirse. Pensaba en Vainilla. La había conocido un 31 de julio. ¿Por qué se había marchado? Incluso seis meses después de su partida, no había logrado comprenderlo.

Vainilla había llegado desde muy lejos. En vacaciones había decidido embarcarse en un carguero, sin saber exactamente dónde se dirigía.

El carguero transportaba plátanos, y con los plátanos había un montón de serpientes deliciosas, y eso le venía muy bien a Vainilla.

Las mangostas adoran las serpientes. Y ella se había comido por lo menos una docena durante la travesía.

Al llegar a Marsella, la dejaron muy impresionada las palomas, que no tenían miedo de nada y deambulaban por los muelles entre la gente y los coches; pero su suciedad y su gordura no le gustaron. No se las habría comido por nada del mundo.

Después, en el coche que la condujo hasta Lyon, pasó un frío horrible, pues soplaba una especie de aire helado sobre las maletas en las que dormía.

Todo esto se lo había contado Vainilla a Freddy, y él lo recordaba perfectamente.

La primera vez que la vio fue cuando el coche se paró, en Lyon, nada más llegar: ella había saltado del maletero y Freddy, que dormitaba, con un ojo abierto, como siempre, encaramado en un plátano de la plaza, la había visto entrar y salir de las cocinas del restaurante *Chez Henri*, del que, como buen ratón, conocía de memoria los cubos de basura. En *Chez Henri*, el fallo del cocinero era poner demasiado ajo en las patatas salteadas.

«¡Qué buenas estarían sin ajo!», pensó de repente, y eso le hizo levantarse para beber un vaso de agua.

Pero todo esto formaba parte del pasado.

Freddy siguió a Vainilla y la sorprendió mientras hurgaba en «sus» cubos de basura. Se presentó, la regañó un poco, presumió algo, como hacía siempre, y le preguntó de dónde venía y quién era exactamente.

—¿Es este el tipo de preguntas que se hacen a las jóvenes? —contestó ella con un acento encantador e imposible de localizar.

—Sepa usted que un ratón hace las preguntas que quiere, y luego, su interlocutor decide si quiere o no contestar... Por lo general, la gente contesta a los ratones; normalmente es así; puede usted hacer lo que quiera.

—Yo soy... una mangosta...; vengo de Goa..., en la costa occidental de la India —respondió Vainilla—, y estoy en Francia de vacaciones. Ya está. ¿Satisfecho? Aborrezco a la gente que no contesta a las preguntas que le hacen —añadió mirándole intensamente a los ojos.

Inmediatamente, Freddy se enamoró. ¡Tenía un talle tan fino! ¡Y esos ojos de color avellana! ¡Y la manera de erguirse cuando se sentía en peligro! Era eso lo que le había enamorado, esa mezcla de agilidad e inquietud. Porque a Freddy le gustaba dominar, como a la mayoría de los ratones.

Vainilla parecía feliz al comienzo de su relación, e incluso enamorada de Freddy. Pero después, muy pronto, su humor se entristeció, y el de Freddy también.

¿Qué podemos decir ahora que están de nuevo separados por tres mares y diez mil kilómetros.

Qué no estaban hechos para vivir juntos. Nada más.

1 de agosto

Ser o no ser gato

Matilde no quería que colgasen cuadros en su caseta; le gustaban las casetas sin florituras, sin decoración, casetas «puras», como decía ella. La alfombra que habían puesto en el suelo, sin pedirle su opinión, tampoco le gustaba.

En cuanto al cojín rosa que había encima, le había producido sencillamente náuseas.

Fue a ver a su amigo Leo para quejarse.

—¿Sabes lo que han hecho? —dijo nada más llegar a la casa del gato—. Me han comprado un cojín rosa.

—¿Ah, sí? —dijo el gato—. ¿Y es cómodo?... ¿Rosa?... Qué mono —añadió con ironía.

—Por supuesto —dijo Matilde.

—Las verdad es que no sé cómo eres capaz de soportar tu caseta. ¡Te la han comprado para humillarte, estoy seguro!

—¿Tú crees? —dijo Matilde—. No había caído en ello.

—También tienes una correa, creo —dijo Leo.

—¡Sí, pero es para pasearme! Tienen miedo de perderme, es lógico —dijo Matilde.

—¡No tienen miedo a perderte! Quieren demostrarte que eres *su* perra —la corrigió Leo.

—Y tú ¿no tienes collar?

—Ah, sí. Pero es para que esté más elegante. De hecho lo he escogido yo. Me lo habían comprado rojo y no lo quise. ¡Pero yo nunca llevo correa! ¡Yo no me paseo cogido de una cuerda!

—Tengo la sensación de que los gatos sois más felices —dijo Matilde tras un largo silencio—. La próxima vez, seré gato.

2 de agosto

Una tarde muy tranquila

Joe tomaba un té en su taza azul, como todas las tardes, medio tumbado en su sofá rosa, con un buen libro. Para ser conejo, Joe era un gran lector. Y un gran bebedor de té.

Las abejas zumbaban por encima de las gavillas doradas, justo debajo de su ventana, y el tiempo transcurría acompasado por el pequeño reloj suizo que hacía ese ruido sordo tan característico, tan regular y tan suave, que los ojos de Joe empezaban a cerrarse.

—¡Socorro! —gritó alguien en el bosque—. ¡Ayúdenme!

Joe dejó la taza en el velador y se incorporó aguzando el oído. No estaba seguro de haber oído bien. Quizá había tenido la *sensación* de que alguien gritaba porque estaba leyendo una historia de grutas y cavernas.

—¡Socorro! —repitió la voz en el bosque.

Joe se levantó y salió de su casa. Le parecía que la voz venía del Norte, y se dirigió a toda velocidad en esa dirección.

Unos cuantos pasos más allá, descubrió a su amigo Frank, tendido en la hierba, como muerto.

—¡Eh, Frank! ¿Cómo estás? ¿Qué ha pasado? —preguntó abalanzándose hacia el conejo herido.

Frank no reaccionaba.

—¡Eh, Frankie! ¿Estás herido?

Frank murmuró algo que Joe no logró entender. Había cerrado los ojos y parecía estar sufriendo mucho.

—¿Qué te pasa, mi pobre amigo? —preguntó Joe acercándose aún más.

Y en ese momento, Frank se echó sobre él y le mordió una oreja. Joe cayó de espaldas, se golpeó la cabeza con una raíz y sintió un dolor fuerte que le hizo gritar. Frank se reía como un loco, con la risa estridente e insoportable de los conejos, lo que aumentó el enfado de Joe, que dio a Frank un puñetazo tan grande que le rompió un diente de delante. Frank se puso a sangrar, y al ver que su mano sangraba se echó a llorar.

Joe volvió a su casa enfurecido. Al entrar, tiró el té sobre el sofá rosa. Lanzaba improperios tan alto que el bebé de Juana y Ulises se puso a berrear.

Frank oyó el barullo y empezó a reírse burlonamente. Había conseguido perturbar el sosiego de la tarde y estaba feliz.

Pero, por lo del diente roto, Joe se las iba a pagar. Y caro.

3 de agosto

Una auténtica pequeña revolución

El verano seguía su curso, cálido y seco.

«Este año —pensó Gil— la miel será menos abundante».

Gil Abejorro era vendedor de miel. Como él no podía fabricarla, se había hecho vendedor, lo cual estaba bien, porque las abejas estaban mejor dotadas para la elaboración que para la venta. A cada cual su oficio.

A comienzos de agosto, Gil Abejorro debía parlamentar con Victoria, la reina de las abejas, y eso no le gustaba: la reina era muy desdeñosa y, además, siempre quería guardar una enorme cantidad de miel por si entraban en guerra contra las termitas. La discusión sería, sin duda, difícil. Tras un buen rato de dudas, Gil se dirigió a la colmena.

—Decid a la reina que su humilde y devoto servidor, Gil Abejorro —dijo al portero de la colmena—, comete la desvergüenza de molestarla a estas horas de la mañana y de solicitarle el inmenso favor de una breve audiencia.

Mientras que el portero iba a avisar a la reina, el vendedor de miel observaba, y sentía a su alrededor el lujo insensato en el que vivía la reina. Algo parecido a los celos se despertó en su minúsculo corazón de insecto y, pensando en las dificultades que atravesaba en ese momento, la admiración que había sentido hasta entonces por las abejas se transformó en rencor.

—¿Qué deseáis, señor? —dijo la reina.

Al bajar la cabeza, Gil pudo observar detalladamente las espléndidas alfombras de Irán bajo los pies de la reina.

—Esperáis, supongo, que os garantice cierta cantidad de miel para este año, ¿no es así? —añadió la reina antes incluso de que él pudiese abrir la boca.

Gil vio que estaba sentada sobre un trono con incrustaciones de oro y de piedras preciosas.

—Eso es majestad, de eso se trata precisamente si no es mucho pedir a su majestad.

—Es mucho —contestó la reina—. Demasiado. ¡Marchaos! No sois el único revendedor de miel de la zona, amigo mío; hay un montón como vos...

—Pero yo soy el mejor, majestad. ¡Si su majestad me permite decirlo!... Bueno, si mi modestia me permite decirlo humildemente, esperando vuestra benevolencia...

La reina se levantó y se marchó sin esperar el final de la frase del abejorro. Al volver a su casa, el vendedor de miel sentía auténtico odio hacia la reina y hacia todas las abejas del mundo. De este modo se inició la revolución de los abejorros. No es muy conocida, pero ¿no os habéis dado cuenta de que cada vez hay menos abejas y más abejorros?

4 de agosto

El paseo

La lluvia acababa de cesar y el sol, tras haber atravesado el colchón de nubes grises y blancas, parecía más cálido y el aire estaba más transparente que nunca. David, un duende nacido en la landa hacía unos veinte años, sintió deseos de pasearse con su amiga Kate.

—Ya verás —le dijo—. Después de la lluvia, la tierra está blanda y cálida y, descalzos, es genial; se tiene la impresión de caminar sobre masa de pan.

—Pero ¿tú has caminado alguna vez sobre masa de pan?

—¡Kate! ¡Es una forma de hablar! —dijo David, decepcionado, pues le gustaba la idea de sus pies y los de Kate, descalzos, sobre masa de pan—. ¡Sabes perfectamente lo que te quiero decir!

—No —dijo Kate.

—Es como cuando se dice... «despistado como un búho» —dijo David.

—¿Se dice «despistado como un búho»? —preguntó Kate, que acababa de descubrir esa expresión.

—Los duendes belgas la dicen —dijo David—. Es como «llorar como una Magdalena».

—¿Desde cuando los dulces lloran? —preguntó Kate.

—Es verdad —dijo David—. No lo había pensado nunca. Tienes razón, los dulces no lloran, es una tontería.

David sabía muy bien que esa Magdalena no era un dulce, pero necesitaba tener cinco minutos de tranquilidad y, sobre todo, quería que Kate aceptase ir con él a pasear con los pies descalzos sobre la tierra cálida de la landa.

—Entonces, ¿vienes a pasear descalza conmigo?

—A pasear sí, pero ¿por qué descalza? —dijo Kate.

David se dio por vencido.

—Bueno, no pasa nada.

Y se fue a su casa.

Pasados tres minutos, Kate llamó a la puerta de David. Nadie respondió.

—¿Qué, nos vamos a pasear por la landa? —preguntó Kate sin entrar.

David no oyó cómo Kate le llamaba. Ella insistió varias veces.

Pero él había salido ya por la puerta trasera y caminaba en solitario hacia el mar.

No se había quitado los zapatos.

Pensaba que algo tan placentero debía compartirse.

5 de agosto

Ángela, Lulú y Lola

Frankie había prometido que, cuando dejase su madriguera, se la cedería primero a Lulú. Así que Lulú se había marchado de vacaciones sin preocuparse del lugar en el que viviría a su regreso. Pero cuál no sería su sorpresa cuando al volver de su viaje se encontró a Ángela instalada en la casa de Frankie.

—Tienes que marcharte —dijo a la intrusa—. Frankie me había prometido su madriguera. Yo soy una zorra como él, mientras que a ti, en tanto que garduña, te basta con una cueva mucho más pequeña.

—Tienes alguna prueba de la *supuesta* promesa de Frankie? —preguntó, con perfidia, Ángela, que sabía perfectamente la respuesta.

—¿Hace falta una prueba de lo que digo? —dijo Lulú—. ¡Pregunta a los demás si no es verdad lo que yo digo!

Los demás eran unos cobardes, y dijeron que no tenían ni idea de lo que había pasado.

Lulú fue a ver a Ed Búho, que tenía siempre un ojo abierto con el que veía todos los pequeños acontecimientos de la comunidad.

—Sí —dijo Ed—. Frankie prometió a Lulú que ocuparía su sitio. Pero ¿quién sabe si no ha podido hacer lo mismo con Ángela? Ya conocemos al astuto de Frankie y cómo presume con todas las muchachas. Por lo tanto, no debería sorprendernos que incluso viniese cualquier otra dama a reclamar la madriguera.

En efecto, apenas transcurridos unos instantes, Lola entró en la casa de Frankie con su maleta, seguida de sus dos hijos. Se encontró a Lulú y a Ángela en plena discusión.

—Bueno, eso no es todo —dijo Lulú para que todos la oyeran—. Tienes que salir de aquí inmediatamente; yo soy la única sucesora de Frankie.

—¡Ah, sí! —dijo Ángela en tono irónico—. ¿Qué es eso de que, así sin más, tú eres la sucesora de Frankie?

—En nuestra lengua, el francés, no decimos sucesora —la corrigió Lola—, se dice «sucesor», incluso tratándose de «una» zorra. Por lo que se refiere a las garduñas, deben salir de aquí inmediatamente.

—Encantada de aprender tanto, profesora... ¿Cuál es su nombre si puede saberse? —preguntó Ángela.

—Lola. Puede llamarme profesora Lola, me va muy bien. Precisamente yo soy la nueva institutriz.

A partir de ese momento, Ángela y Lulú se callaron, impresionadas ante tanta autoridad.

—¿Quién va a decirme donde están, *primo,* el baño y, *secundo,* el buzón de correos, y *tertio,* el médico del pueblo?

Lulú y Ángela se apresuraron a contestar a Lola, que se instaló sin más historias en la casa de Frankie.

Hasta mucho más tarde no se dieron cuenta de que Lola no era para nada institutriz. Pero, como las zorras son por naturaleza mentirosas, nadie se lo recriminó.

Había sido la más astuta. Y eso era algo que todos respetaban.

6 de agosto

Los defectos de Loló

Como todo el mundo, Loló tenía defectos, lo que, evidentemente, no le impedía ni tener muchos amigos, ni reírse; de hecho, se reía mucho más que la mayoría de las conejas.

Era la hora de salir. La tarde estaba cayendo. Loló se arregló un poco. De repente, sonó el teléfono en su madriguera. Era Ben, un conejo muy alegre también, quien llamaba:

—¿Qué vas a hacer esta noche, Loló? —preguntó—. ¿Quieres cenar conmigo?

Todo el mundo sabe que los conejos *siempre* cenan juntos. Loló comprendió inmediatamente que Ben la estaba cortejando.

—Separados, querrás decir —contestó Loló, atónita.

—Separados —dijo Ben, con firmeza.

—¡Déjalo, Ben! ¡Sabes muy bien que es imposible!

—No se trata de saber si es o no posible, se trata de saber si te gustaría o no —dijo Ben.

—Por supuesto, Ben. ¡Me gustaría mucho! Pero debo recordarte que nosotros siempre cenamos todos juntos y que no podemos hacer rancho aparte. ¡Eso no se hace!

—Ya lo sé, no hace falta que me lo recuerdes… —suspiró Ben—. ¿Cuándo vamos a emanciparnos? Es algo que me pregunto constantemente.

—¡Qué le vamos a hacer! —dijo Loló—. Es así ¡y no podemos hacer nada contra ello! ¡Ni tú ni yo vamos a cambiar las cosas!

He aquí uno de los defectos de Loló. Pensaba que no se podía cambiar nada respecto a las convenciones.

7 de agosto

Las vacaciones

Ed no sabía qué hacer. Daba vueltas en su madriguera, o se levantaba para comer una araña o una hormiga, sin muchas ganas, y luego volvía a acostarse mirando al techo. Estaba deprimido. Era un zorro solitario, pero una vez al año consentía ir a la orilla del mar, a pie, con su primo Roberto. Este año, no tenía ganas de ir. Por tanto, pensaba quedarse solo en su rinconcito del bosque.

Su primo llamó a la puerta.

—¡Ah! Eres tú. ¿Te vas ya?

—¿Estás seguro de no querer venir conmigo? —preguntó tímidamente el primo desde el umbral.

—Sí —dijo Ed—. Estoy seguro; quiero quedarme aquí.

En cuanto se fue Roberto, Ed volvió a acostarse masticando una brizna de paja. No sabía bien, le resultó incluso repugnante, y la escupió.

«Todos mis amigos se van de vacaciones. Para ellos la vida es sencilla —pensó—. ¿Cómo puede ser que yo esté aquí solo mientras todos se divierten? ¿Qué es lo que no funciona? No sé divertirme como los demás. Estoy siempre como situado un paso hacia atrás, miro el mundo, pero no estoy dentro de él, como si no encontrase en él mi lugar».

—Si miras el mundo —le dijo una voz interior—, aprovéchalo a tu manera, sé escritor o pintor, describe lo que ves, lo que sientes, haz algo, sé músico, pero no te quedes ahí esperando a que el tiempo pase. Si no tienes tu sitio, es porque tu sitio no está todavía.

—¡Pero bueno! —exclamó Ed, sorprendido por su propia voz al darse cuenta de que hablaba solo—. ¿Qué es eso de que mi sitio no está todavía? Yo existo, ¿no?

Su voz retumbó en la madriguera. Se hizo un silencio. Luego, escuchó el eco retrasado e imaginario de su voz.

—Entonces, existo, ¿no?...; existo, ¿no?...; existo, ¿no?...

—Sí, existes, pero no sabes donde estás —le dijo su voz interior—. Para conocer tu sitio, tienes que hacértelo. Hacerte un sitio es saber por qué has sido creado. Todos somos creados por algún motivo. Reflexiona.

Ed reflexionó. Pero su cabeza parecía vacía. Iba de una idea a otra sin centrarse en ninguna. Después, se durmió.

Pasaron los años. Ed, como siempre, iba de un lado para otro, entraba en su madriguera por la noche y se alimentaba de lo que encontraba.

Seguía sin hacer nada.

Cada vez que se tumbaba, una voz interior le preguntaba:

—Ed, ¿has reflexionado?

—¡Claro qué sí! —exclamó Ed, irritado—. ¡He reflexionado! ¡No hago otra cosa más que reflexionar!

—Reflexionar…, reflexionar…, reflexionar —resonaba el eco en su cabeza.

Un día, decidió que ya no reflexionaría más.

Algo estúpido.

Ed era un imbécil.

8 de agosto

Por qué

Mariana Comadreja se paseaba con toda su familia por uno de esos caminos de la costa, de hierba rasa y amarilleada por el sol.

A derecha y a izquierda, inmensas moreras cubiertas de frutos verdes, rojos y negros colgaban sobre ella, pero no a suficiente distancia como para que no pudiese alcanzarlas.

—¿Por qué hay siempre moscas alrededor de las moras —preguntó a su padre.

—Es su postre —contestó este—. Después de haber comido caca, tienen ganas de tomar algo dulce, lógicamente.

—A propósito, Papá, dime, ¿por qué los excrementos de los conejos están siempre sobre pequeñas colinas de tierra y nunca dentro de agujeros?

—¡Oh, esa es una historia muy larga! —dijo el padre—. Sabes, los conejos son muy miedosos. Antes de la Primera Guerra, los conejos dejaban sus excrementos como todo el mundo, por cualquier sitio, en los agujeros, en lugares llanos, por todas partes. Y luego vino la guerra, y los conejos cuando estaban haciendo caca tuvieron que vérselas con las ratas. Entonces decidieron ponerse en alto, para poder observar todo a su alrededor mientras hacían sus necesidades.

—Es lógico —dijo Mariana—. Hacen bien. ¿Y por qué no hacemos lo mismo nosotras, las comadrejas? Somos algo así como sus primas, y además somos más rápidas.

En ese mismo instante, apareció una rata en medio del camino.

—¡Alto! ¡Control! —dijo la rata en un tono amenazador.

—¿Control de qué? —contestó el padre Comadreja sin alterarse.

—Control, eso es todo —dijo la rata.

Era una miliciana.

El padre Comadreja se lanzó entonces sobre la rata y le mordió una pata.

La rata se puso a gritar. Otras ratas, escondidas hasta entonces, huyeron unas detrás de otras, en vez de ir a socorrer a su congénere en apuros.

—Ves —dijo el padre Comadreja—. Encima son cobardes. Hasta ahora, las ratas dejaban sus excrementos en cualquier lado, como nosotros. A partir de este momento, vamos a ver también excrementos de rata en los montículos.

—Pero entonces existe el peligro de que se disputen estos lugares con los conejos y de que entren de nuevo en guerra —dijo Mariana.

—Es probable —respondió el padre Comadreja—. Siempre se encuentran razones para entrar en guerra.

Caminaron un rato en silencio. Las golondrinas se habían posado sobre los cables telegráficos para charlar.

—Papá, ¿por qué los cuervos no se posan nunca sobre los cables? —preguntó Mariana.

—Porque son inteligentes —contestó el padre Comadreja—. ¿Has intentado tú ponerte de pie sobre un cable? ¡Vamos, vamos, adelante, no te quedes atrás! ¡Ya está bien de preguntas por hoy!

9 de agosto

La antevíspera del eclipse

Todos los jefes de pueblo de los duendes se habían reunido. Se preguntaban cómo podrían aprovechar el eclipse para que se hablase de ellos. Decidieron hacer un *concurso de tonterías*. El pueblo que tuviese la idea más tonta sería el ganador y, como recompensa, su nombre quedaría impreso en grandes letras en el periódico.

Todos los jefes tuvieron la misma idea: declararon que desde su pueblo era desde donde mejor iba a verse el eclipse y que, por tanto, había que acudir allí a verlo. Era la cosa más estúpida que uno podía imaginarse y todos estaban seguros de que ganarían el concurso.

Cada pueblo preparó para la ocasión una especie de fiesta del eclipse, a la que unos llamaron *Fiesta del sol negro*, otros, *Fiesta de la luna negra* o *Fiesta del sol y de la luna*, o también *Fiesta de la luna y del sol*.

Todos estaban muy ocupados e incluso preocupados.

Las ranas, que pasaban totalmente del eclipse, anunciaron, bromeando, que iba a llover durante tres días seguidos y que, de cualquier forma, nadie vería nada desde ninguna parte.

Fueron las únicas que se divirtieron ese día.

10 de agosto

La víspera del eclipse

El pueblo se había dividido en tres bandos. Por un lado estaban los duendeimbéciles, que decían que el fin del mundo tendría lugar al día siguiente, con motivo del eclipse total de sol; por otro, los duendeinfantiles, es decir, los que creían a los duendeimbéciles; y, por último, los duendes normales.

Paco era uno de los duendeimbéciles. Pero no era un imbécil cualquiera: era muy astuto; en efecto, la idea de que iba a llegar el fin del mundo había sido suya, pues quería que se hablase de su tienda, que no iba nada bien.

Los que creyeron a Paco decidieron que debían prepararse para morir.

Los duendes normales decidieron preparar una fiesta.

Entre los que creían a Paco, había algunos que decidieron que tenían que dejar todo ordenado antes de que sobreviniera el fin del mundo, para la paz de su alma, y había otros a los que esto no les importaba, y que pensaban que, puesto que el fin del mundo iba a llegar, ¿qué importancia tenía que la casa estuviera o no ordenada? Unos y otros discutían.

Entre los que querían ordenarlo todo, algunos quisieron pasar la última noche reflexionando sobre la muerte. Los otros, por el contrario, decidieron divertirse lo más posible y no pensar en nada. Estos discutieron con aquellos, por supuesto, y terminaron uniéndose a los duendes normales para celebrar la fiesta.

Entre los que querían reflexionar, estaban, por un lado, los que querían pensar primero en los demás, y, por otro, los que no querían más que pensar en ellos mismos, ya que, según ellos, al llegar el fin del mundo solo cuenta uno mismo.

Sobre este asunto hubo una gran discusión entre ellos. Los que querían pensar en los demás lo hicieron con tanta fuerza, que, al oír cómo estos se divertían, acabaron uniéndose a ellos participando en la fiesta.

Los que no querían más que pensar en ellos mismos pronto se dieron cuenta de que era muy difícil pensar solo en uno mismo. Así que se pusieron a pensar en los demás, y más aún cuando estos hacían tanto ruido que era imposible pensar en nada.

Al final, no había más que un duende que creyese en Paco, y era el propio Paco.

Pero, como había hecho esa predicción para que pensasen en él, se sintió un poco bobo y decidió cambiar de pueblo.

Los demás ni se dieron cuenta de que se había marchado, y todo el mundo se puso a bailar al ritmo alegre de la música.

11 de agosto

El eclipse

Alex Lobo se levantó esa mañana agotado. Como siempre, fue a quejarse a su vecino Greg de que le dolía la espalda y de que tenía un gusto horrible en la boca.

Greg lo mandó de nuevo para su casa, diciéndole que no era nada.

En el umbral de su guarida, Alex se rascó durante un buen rato la barriga sin pensar en nada realmente importante. Miró al cielo, y esto tampoco le hizo pensar en nada importante.

Hacia mediodía, comenzó a oscurecer a causa del famoso eclipse solar del que todo el bosque hablaba desde hacía varias semanas.

Y, creyendo que por fin había llegado la noche, Alex fue a acostarse de nuevo.

12 de agosto

Mario y Jo

El territorio de Jo se situaba exactamente entre los dos castaños de los Depósitos, por un lado, y la orilla del estanque de María Rana, por otro, y nadie podía entrar en él sin la autorización escrita de Jo, lo cual era totalmente absurdo si tenemos en cuenta el número tan pequeño de animales que eran capaces de leer o de escribir.

Pero Jo había heredado este territorio de su padre, un viejo lobo solitario como él (en realidad no tan solitario, puesto que había tenido dos hijos y una mujer) con esta recomendación: no dejar entrar nunca a nadie sin un permiso especial.

A Mario le importaba un bledo esa historia de autorización, propiedad privada y todas esas cosas. Era un lobo vagabundo. Nadie le preguntaba nunca nada, y menos si sabía leer o escribir, y si Jo no estaba contento, pues no tenía más que ir a decírselo personalmente.

Pero a Jo no le gustaban los enfrentamientos, por lo que envió a Benito a informarse de las intenciones de Mario el vagabundo. ¿Tenía la intención de marcharse, sí o no?

—Pienso quedarme aquí. Me importa un bledo que este territorio sea de Jo o de Jack, estoy muy bien aquí y pienso quedarme.

—Sabes a lo que te expones quedándote en casa de Jo sin haberle pedido permiso —dijo Benito, con su sentido habitual de la diplomacia—. Puede enfadarse.

—¡Que se enfade! ¡Me gustaría verlo! —dijo Mario.

Benito regresó y le contó a Jo lo que había sucedido.

Y no pasó nada.

Pocas veces pasa lo que se ha previsto.

13 de agosto

Soames, el ratoncillo americano

Era una tarde clara y ligera. Aún no había llegado el final del verano y, sin embargo, se respiraba en el aire ese fresco que anuncia el otoño. Los cerezos, o al menos algunas de sus hojas, empezaban a amarillear.

Soames Fairchild, un ratón bastante guapo pero con aspecto de estúpido, se acercó a Mary, una ratona inglesa que estaba sentada en un banco de Sloane Square, en Londres, y que leía una novela policíaca. Tenía una oreja perforada en la parte de arriba por un pequeño diamante incrustado en ella.

—Mi nombre es Soames —dijo el ratoncillo—. Soy americano. Sabe, me gusta mucho su color. Su pelo parece auténtica seda, es fantástico.

—Tu tampoco estás nada mal, chaval —dijo Mary—. Pero me importa un comino que el color de mi pelo te guste o no; no estoy en venta. ¿Tienes alguna otra tontería que decirme?

Jamás le habían contestado de este modo en América.

—¡Encantadora! —dijo Soames, pasmado.

Se levantó y se fue.

«Qué lastima», se dijo.

Por lo general, las ratonas a las que hacía estos mismos cumplidos le soltaban risitas azoradas, tras lo cual la partida estaba ganada, y podía hacerlas cantar o bailar a su antojo.

Eran ratonas sin carácter, por supuesto.

Otras, como esta inglesa, parecían darse cuenta inmediatamente de cómo era Soames: un ratoncillo pretencioso, seguro de sí mismo y vulgar.

Sin embargo, Soames despertaba la admiración de todos sus amigos porque estaba siempre rodeado de ratoncillas chillonas y risueñas.

—¿Qué haces para tener tantas amigas? —le preguntaban unos.

—¿No nos vas a dar la fórmula? —le decían otros.

Ninguno de sus amigos comprendía que a él no le costaba ningún trabajo rodearse de esas ratoncillas que se reían por la más mínima de sus bromas.

Pero no eran ellas las que le interesaban. A él le interesaban más bien las ratonas parecidas a esa inglesa: difíciles, pero con mucho carácter.

En realidad, Soames no era tan tonto como parecía.

14 de agosto

Fragmentos del diario de una ratona

Me llamo Gloria. Ayer ocurrió un drama.

El mar, al retirarse, había excavado charcas poco profundas —pero que para nosotros son auténticos lagos— que brillaban bajo el sol de las ocho. La tarde era fresca y apacible. Un viento del Oeste —que se apaciguó inmediatamente— había hecho que el aire y los colores fuesen más vivos de lo habitual en esta época del año.

No había ni una sola nube sobre el agua, pues se habían juntado todas al Este, lejos, detrás de las dunas amarillas, donde formaban una cortina negra.

En una de esas dunas amarillas vivía yo hasta ayer con mi novio, Jim, a media altura, entre dos matas de hierba, un lugar ideal para dos ratones de campo enamorados como nosotros.

Cada mañana, observábamos cómo llegaban los bañistas, se embadurnaban de algo, se quedaban esperando no se sabe qué, mirando al sol fijamente con sus gafas negras, se ponían rosas como los cerdos y se marchaban. Tras la partida del último bañista, nos tocaba a nosotros refrescarnos. Y en el trayecto hacia el baño siempre encontrábamos algo para comer: papeles llenos de grasa, pieles de salchi-

chón o trozos de patatas fritas, algunos bastante grandes, gran cantidad de pan (por lo general muy seco) y cortezas de queso. También había bebidas: en el fondo de las botellas que los bañistas dejaban olvidadas por todas partes siempre quedaban restos de bebidas de cola y similares bien dulces.

Estaba bien.

Ayer tarde, no sé por qué, tenía especialmente hambre. Salí la primera en dirección al mar y le pedí a Jim que se reuniese conmigo.

Nada más irme —aunque ya estaba fuera del alcance de la voz de Jim—, apareció un perro que empezó a husmear nuestra ratonera con su hocico. ¡Jim no debía salir! Al principio solo vi el trasero de ese inmundo animal y su rabo que se movía. Era un perro que no conocíamos.

—¡Jim! —grité.

Fue inútil. Vi al perro sacar la cabeza y sostener a Jim entre sus dientes. ¡Qué horror! Mi novio agitándose como un diablillo suspendido por la cola! Sin pensarlo, me lancé en su ayuda y, pasando ante el hocico del perro, di una espléndida a la par que intrépida voltereta que dejó pasmado al animal hasta el punto de que soltó a Jim para perseguirme. ¡Pero la partida no estaba ganada! Por desgracia.

Aquí se interrumpe el diario de Gloria. Nos habría gustado saber algo más. Pensamos, no obstante, que Gloria pudo salir con bien, pues, si no, no habría podido escribir esta historia. En cuanto a Jim, también podemos pensar que salió bien parado. ¿Por qué? Porque no nos atrevemos imaginarnos que una novia pueda describir con tanto cuidado y tantos detalles la muerte de su compañero. A menos que sea de una crueldad y de una frialdad inauditas.

Pero ¿conocemos realmente a los ratones?

15 de agosto

Una pequeña pelea

Nico había decidido trabajar. Era un duende perezoso y, cuando decidía ponerse a trabajar, todo tenía que estar perfectamente ordenado a su alrededor y en absoluto silencio. Pero esa mañana, estas dos condiciones no se daban y Nico montó en cólera contra su hermana gemela, Violeta, con la que vivía.

—¡Deja de armar jaleo inmediatamente! —dijo Nico sin quitar la vista del ordenador, en el que anotaba todas sus nuevas recetas de mermelada.

—¡Hago lo que me da la gana! —respondió Violeta.

—¡Estoy trabajando! —gritó Nico, fulminándola con la mirada.

—Y yo también —dijo Violeta—. Lo que estoy haciendo es una especie de trabajo: intento mejorar mi tiro.

Violeta lanzaba contra la pared de su habitación un viejo balón de piel de víbora y, como estaba un poco seco, cada vez que daba en la pared producía un ruido parecido al de un fuerte portazo.

—¡Por favor, para ya! —le rogó Nico, que hacía esfuerzos por calmarse.

—Cuando dices «por favor», hay que hacer forzosamente lo que pides. ¡Pues no! —respondió Violeta botando el balón.

—¿Con que esas tenemos?, ¿quieres guerra, no?, pues la vas a tener —dijo Nico.

Se levantó y fue arrancar el balón de las manos de Violeta, que se puso a chillar.

Él era unos centímetros más alto que Violeta, lo que para los duendes es mucho.

Nico cogió el balón, lo pinchó con una púa, sin que Violeta pudiese hacer nada por impedirlo, fue a acostarse de nuevo (trabajaba siempre tumbado en la cama) e hizo como que volvía a sumergirse en sus nuevas recetas.

Furiosa, Violeta cogió el salterio de Nico y salió de la casa, dio unos pasos, seguida de Nico, que no la creía capaz de tocar su instrumento preferido. Pero Violeta lo partió en dos contra una roca.

Hundido, Nico se quedó mudo durante un buen rato. Después, entró en su habitación y se encerró.

Violeta se fue a llorar apretando fuertemente el balón contra su pecho, lo cual era bastante absurdo, pues ya sabemos que los balones no son seres vivos, sino más bien cosas muertas.

Tras este incidente, estuvieron enfadados durante uno o dos años, y después se volvió a establecer entre ellos una relación más o menos normal a raíz de la celebración de su ciento ocho cumpleaños.

16 de agosto

Las crepes de Soizic

Soizic tenía mucho encanto. Era una magnífica ratona bretona de ojos azules y las pecas que tenía en su barriga despertaban la envidia de más de una.

Soizic sabía hacer crepes. Y como era raro que un ratón las hiciera tan bien, ella tenía mucho éxito.

Siempre había alguien en su casa. Nunca podía estar tranquila. Un día se hartó y se fue.

Una vez sola, por los caminos y en plena noche, empezó a arrepentirse de su decisión un poco radical de dejarlo todo y decidió dar media vuelta.

«¡En realidad —se dijo—, solo tengo que echar a la gente! Pero el caso es que no es tan fácil echar a la gente. ¿Cómo hacerlo? ¿Decirles váyanse ustedes? ¿Pedirles que te dejen sola? No comprenderían nada y se sentirían heridos».

De pronto, se le ocurrió una idea: haría muy mal las crepes.

Nada más abrir la puerta de su casa, se puso a pensar en todo aquello que no le gustaba nada: los puerros, las alcachofas, el marisco, el melón, etcétera, etcétera.

Decidió mezclar todo lo que aborrecía en una olla. Al introducir el cucharón para sacar el relleno de la primera crepe sintió náuseas, pero prosiguió su tarea con coraje.

Clemente fue el primero al que sirvió. Por desgracia, Clemente estaba muy enamorado de Soizic. Para él, ella era su hada ratona, por lo que se comió la crepe sin vacilar.

El segundo en probar la nueva cocina de Soizic fue Iván. Iván no conocía a Soizic y estaba deseando conocerla a toda costa. Se comió la crepe sin darse cuenta, mirando fijamente a la ratona, y luego pidió otra, aun sabiendo que la respuesta sería negativa, ya que a cada cual solo le correspondía una.

La tercera crepe fue para el padre de Soizic, y ya se sabe lo indulgentes que son los padres con las hijas. Por eso no dijo nada de la abominable crepe y salió de la casa pálido y sin habla.

La cuarta crepe se la comió Gwen. Gwen era la enemiga jurada de Soizic en muchos aspectos.

Enterada de que su rival experimentaba una nueva cocina, Gwen encontró la crepe excelente —sin decirlo, por supuesto— y corrió a su casa para anotar lo que ella había creído adivinar que llevaba el relleno, para prepararlo igual en adelante.

La quinta crepe la probó Fred. Sintió asco, y como era muy sincero, se lo dijo a Soizic:

—¡Esta crepe está infame! ¿Qué lleva?

Eso sí, añadió que, hiciera lo que hiciese, seguiría siendo la más bella de las ratonas y que estaba dispuesto a comerse, si fuese necesario, dos crepes como esa, e incluso tres.

Desesperada, Soizic no supo qué hacer.

Se encerró con siete llaves en su casa y lloró. Ya era de noche. Soizic echó un vistazo fuera: la cola de espera formada ante su casa iba disolviéndose poco a poco entre un murmullo de decepción. Decidió meterse en la cama.

Tumbada, con sus grandes ojos abiertos y fijos en el techo de tierra de su pequeña habitación, Soizic no lograba conciliar el sueño. Se preguntaba por qué todo el mundo buscaba su compañía. Evidentemente, era por las crepes, pero eso no le servía como respuesta: había intentado hacer crepes horribles ¡y seguían haciendo cola para comérselas!

Acabó durmiéndose y tuvo una pesadilla en la que se ahogaba en una masa de puerros y melón.

Al día siguiente, escribió un letrero, que clavó en la puerta de su casa. En el letrero podía leerse:

No more crêpes
Nada
Niente
Nitchivo
¡Déjenme en paz!

—¡Oh! —exclamaron los primeros en llegar, sin comprender lo que ponía en el letrero—. ¡Habéis visto, Soizic domina varias lenguas! ¡Vamos a pedirle que nos dé clase!

De este modo, ratones que nunca habían ido a verla por las crepes, porque probablemente no les gustaban, acudieron a su casa.

Esta historia sin fin cuenta algo bastante excepcional.

A pocos ratones les suceden estas cosas.

17 de agosto

Toda la vida

—A lo largo de toda tu vida, el niño que eres te acompañará y te vigilará —dijo el viejo Igor apoyado en su bastón—. Cuando hagas algo malo, sabrás que calla lo que sabe, y cuando hagas algo bueno, le verás sonreír. Tu ángel guardián eres tú. Quiero que sepas que esto que te digo es cierto. ¿Nico?... ¡Nicolás!

Nicolás se había dormido. Era, sin duda, el duende más alborotador del pueblo, pero cuando iba a ver a su abuelo, que, bueno, en realidad no era su abuelo, pero todos le consideraban como su abuelo (por eso todos los abuelos del pueblo tenían muchísimos celos de él), Nico se apaciguaba y le gustaba quedarse dormido junto a él.

Igor empujó ligeramente con su bastón a Nicolás, que estaba sentado un poco ladeado, lo que le hizo rodar y despertarse sobresaltado.

—¡Ay, abuelo! Estaba soñando contigo. ¡Y tú eras yo! Bueno, yo era tú. ¿Comprendes lo que te quiero decir?

—Harías mejor si durmieras cuando estás en la cama en lugar de quedarte despierto hasta las tantas de la noche... Dime, ¿no te parece que es un poco molesto hablar con alguien que se queda dormido?

—¡No te enfades, abuelo! —dijo Nico—. Me duermo porque estoy muy a gusto contigo, porque me siento seguro. ¿Crees que podría dormirme en casa de Margarita? ¿Qué me estabas diciendo?

Margarita era la bruja más cercana al pueblo y todos la conocían perfectamente. Algunos duendes incluso habían pasado algunos días con ella, y Nico era uno de ellos.

—Te decía que el niño que cada uno somos nos acompaña durante toda la vida —dijo el viejo Igor—. Y que si por desgracia se va, si ya no sentimos su presencia, se trata de algo muy grave. Es de esperar que regrese. Si no lo hace…

Nico se había vuelto a dormir; esta vez se había tumbado en el suelo, a los pies del anciano.

«¡Cómo chocheo!», pensó Igor. Se levantó y, al alejarse, oyó:

—¡Ya lo creo que chocheas!

Se volvió bruscamente. Nicolás dormía, no cabía la menor duda.

«¡Uf! —se dijo Igor—. ¡Pensé que era Nico! Puedo estar tranquilo. *Él* todavía está aquí».

18 de agosto

El cumpleaños de Greg

En la playa, el viento soplaba tan fuerte que producía ráfagas de arena, y sus granos, como pequeñas agujas, se clavaban en la piel de toda la familia de duendes que se había desvestido para bañarse.

Greg y Alex venían de tomar un agitado baño entre las enormes y heladas olas. Las gaviotas Carlota 127 y Carlota 235, poco acostumbradas a ver a duendes bañándose, se preguntaron qué tipo de animal eran esos pequeños seres rosas que pataleaban alrededor de una hoguera en la arena y a esas horas: algunos, con barba (los chicos); otros, sin barba (las chicas); algunos, con trenzas (los chicos y las chicas); otros, con barba y trenzas (los chicos).

Habían ido a celebrar el cumpleaños de Greg en la playa al anochecer. Todo el mundo estaba allí. El sol, preparado para su caída diaria detrás del mar, casi no daba calor, en cualquier caso, ya no calentaba a nadie. Habían hecho un fuego en un horno de piedra protegido detrás de una roca, en el que unas salchichas de trigo con mejillones se doraban poco a poco, y era muy agradable acercarse allí para coger un poco de calor.

Era muy divertido: todos tenían alguna historieta que contar. Uno había visto una medusa seis veces más grande que él; otro, al zambullirse, había visto una aguja que le había estado persiguiendo; un tercero se había encontrado de frente con un buey de mar, etcétera. Nada de extraordinario en el fondo, pequeñas aventuras de playa como las que cualquiera de nosotros puede vivir cada verano, pero apropiadas para que todo el mundo se echara a reír.

De repente, Alex dijo que había visto una nécora haciéndole una mueca.

—¡Pero bueno! —dijo Nadia—. Las nécoras siempre están haciendo muecas; no veo qué tiene de sorprendente.

—¡Oh, nada, por supuesto! —dijo Alex, que no tenía ganas de discutir—. Tienes razón, las nécoras siempre están haciendo muecas. He visto una, eso es todo.

—Pero concreta un poco —dijo Nadia—. Una mueca cómo; hay muecas y muecas.

—No lo sé, yo..., una especie de mueca, así.

Y torció la boca y bizqueó intentando parecerse lo más posible a una nécora.

—No te pareces para nada a una nécora —dijo Nadia—; más bien, te pareces a un profe de gimnasia que tuve.

—Deja ya de poner pegas a todo —dijo Greg—. Es horrible tener que presentar pruebas de todo lo que se dice.

—Yo no pido pruebas, únicamente me gustaría saber a qué se parece una nécora verde cuando uno es un duende rosa chillón que tirita —dijo Nadia con toda la mala idea del mundo.

Sabía perfectamente a qué se parecían las nécoras, y a todos les habría encantado ver cómo imitaba ella a una. Sencillamente, era imposible imitar a un nécora, y Nadia lo sabía.

A pesar de este pequeño incidente, todos los invitados guardaron siempre un recuerdo excelente de la velada.

19 de agosto

Cómo Pluc se convirtió en jefe

En el pueblo de Pluc había, como en todas partes, cretinos (los que no comprenden lo que se les dice) y duendes (los que comprenden lo que no se les dice).

Era un pueblo en el que no pasaba nada especial. Como en todos los pueblos de duendes, las cosas no iban muy bien, pero a nadie le importaba; cada uno se ocupaba de sus asuntos —y, si se terciaba, también de los de los demás— sin complicarse demasiado la vida.

De repente, para sorpresa general, aprovechando el embrutecedor calor del verano, Pluc consiguió que lo eligieran jefe, aunque era evidente que se trataba de un cretino disfrazado de duende.

Su elección fue al mismo tiempo una maniobra ejemplar de toma de poder y la prueba de que era un cretino disfrazado.

La víspera de la elección, Pluc llamó a sus esbirros (esta fue la prueba de que se trataba de un cretino disfrazado, porque los duendes nunca tienen esbirros). Les mandó repartir bombones, que los esbirros (a su vez cretinos también, evidentemente) devoraron tan deprisa que se pusieron malos y no pudieron ir a votar.

Ya no quedaban por lo tanto suficientes cretinos para votar por él.

Pluc entró en cólera.

«¿Cómo transformar duendes en cretinos lo más rápidamente posible para que puedan votar por mí?», se preguntaba.

«¡Ya lo tengo! —se dijo—. Voy a prometerles muchísimas cosas. ¡Y, una vez elegido, ya será demasiado tarde!».

Y su increíble maniobra funcionó a la perfección.

20 de agosto

¡Ah! ¡Los viajes!

A Natacha le gustaba mucho viajar, pero se quejaba siempre de la falta de comodidad de las casas de otros países.

—En Egipto, hace calor en verano, en Japón, hace frío en invierno. Incluso en otoño, y a pesar de todo nuestro pelo, se queda uno congelado —decía, frunciendo el ceño, y dirigiéndose a Kumiko, una ratona japonesa en cuya casa estaba tomando té.

—Bueno, pues vete a Egipto en invierno y a Japón en verano, mujer —dijo Kumiko, que no veía dónde estaba el problema.

—Demasiado sencillo —dijo Natacha—. Vosotros los ratones pensáis que todo puede solucionarse así sin más. La vida es mucho más complicada de lo que creéis. Mira, eso es lo que me gusta de los ratones. Todo parece tan simple, mientras que en realidad todo es de una complejidad atroz. Egipto, en invierno, está helado, y en Japón, en verano, te asfixias.

Natacha vivía sola, pero no le gustaba la soledad; criticaba mucho a los ratones, pero no podía estar sin su compañía; odiaba la marcha, pero no podía evitar ver la tele cuando retransmitían una competición. Como todos lo gatos, ella era complicada.

Ginebra intervino en la conversación.

—¿Y por qué no Egipto en primavera y Japón en otoño? —preguntó.

—Es verdad —insistió Kumiko—, ¿por qué no?

Natacha no supo qué responder. No había pensado en ello. Se levantó y se fue moviendo despacio la cola, signo evitente de irritación entre los gatos, y, sin tan siquiera decirles «hasta la vista», dejó a las dos ratonas, que se miraron de reojo.

21 de agosto

El concurso de saltadores

Había un concurso de saltadores en la playa de los Grandes Arenales.

Eran las ocho de la tarde. El sol estaba dorado y bajo, y apenas calentaba; el cielo, azul pálido, envuelto en un ligero velo blanco, y el mar, en calma. Las condiciones eran ideales.

Los cangrejos Juan, Tom y Manu estaban preparados, con las nécoras Isa, Didi y Kim justo detrás de ellos.

—¡A vuestros puestos! ¡Preparados! ¡Ya!

Escondidas detrás de las altas hierbas en lo alto del acantilado, las gaviotas Carlota 896 y Carlota 345 esperaban desde hacía horas esa señal para descender en picado.

22 de agosto

Alexis

Alexis estaba tumbado boca abajo. Su gorro rojo, enfundado hasta los ojos, apenas sobresalía entre el brezo malva y dorado.

Observaba a Flor desde hacía más de dos horas.

Flor estaba sola, sentada en una roca que dominaba la playa, y llevaba un vestido amarillo. Tampoco se movía. De cuando en cuando echaba un vistazo tan discreto en dirección a los brezos, que Alexis no podía apreciarlo desde su escondite.

Su silueta destacaba sobre el rosa del cielo como la de una sirena diminuta secándose, y el sol, al hacer destellar su cabello rubio recogido en la nuca, cuyos mechones rizados le caían por los hombros, ponía en su cabeza una corona tornasolada.

Alexis pensaba que esto no era por casualidad.

Masticaba una brizna de hierba y, sin poder quitar la vista de Flor, se preguntaba cómo abordarla.

«No puedo preguntarle dónde vive —pensó—; lo sé perfectamente y ella sabe que lo sé».

En efecto, Flor y Alexis se conocían desde que eran niños.

«Tampoco puedo pedirle que venga a dar un paseo conmigo, es demasiado directo. ¡Y qué corte si me dice que no! Podría preguntarle qué esta haciendo ahora, pero también lo sé: no está haciendo nada, se aburre, como yo».

Alexis se quedó un buen rato contemplándola. Le parecía, y con diferencia, la duende más bella del pueblo y, sin duda, del mundo. Nunca habían sido verdaderos amigos, ¿por qué? Alexis no lo sabía. Sus familias no se llevaban muy bien. Tal vez fuera por eso.

«Podría preguntarle...».

Alexis siguió pensando.

«Pero, por qué, a fin de cuentas, tengo que *preguntarle* algo? —se dijo Alexis—. Por qué no, más bien, *decirle* algo?».

Decirle, simplemente, que la encontraba bellísima, que la quería. ¡Qué difícil era! Y, sin embargo, era la única cosa que tenía ganas de decirle.

Después de estar dudando todavía un buen rato, Alexis se decidió:

«Fuera infantilismos», se dijo.

En ese mismo momento, la cabeza ruda y desagradable del padre de Flor apareció detrás del brezo y dirigió hacia Alexis una mirada furiosa.

«Hoy no es el día», pensó Alexis prudentemente.

Se levantó y se encaminó hacia el pequeño bosque de robles.

23 de agosto

Franz, el fofo

Entre los duendes del bosque de Bolonia, lugar donde podían verse muchos, había un ser ni más pequeño ni más feo que el resto, pero bastante más relleno y menos ágil, y el hecho de ser gordo y fofo (hay que llamar al pan pan y al vino vino) le impedía realmente formar parte del grupo que se reunía todas las tardes para jugar en el Gran Claro. .

Se llamaba Franz (un nombre que nos sugiere a alguien muy delgado y enérgico, pero así se llamaba). Le consideraban como una especie de duende vagabundo y apestoso, y, si no era odiado, tampoco era muy querido por la gente, que se mantenía apartado de él. Franz se había acostumbrado a la soledad, pero esta imprimía cierta tristeza en su mirada.

Formaba parte de los duendes negros, una familia de duendes no de piel negra, sino vestidos de negro, y la verdad no podía decirse que este ser diminuto y feo, gordo, fofo, sucio y maloliente resultase atractivo.

Por eso, cuando una mañana una joven duende, rubia como la cebada y fresca como una rosa, con un vestido de florecillas y una risa sonora, se casó con él, todo el mundo pensó que se trataba de una duende falsa; dicho de otro modo: de una bruja. ¡Bueno, pues estaban equivocados! Como siempre.

Que los seres feos y repelentes puedan atraer a otros encantadores y perfumados es un misterio. Pero, si esto no sucediese nunca, el mundo sería demasiado injusto.

Y ya lo es bastante.

24 de agosto

Nessim

Nessim había decidido no viajar nunca.

Pensaba que iba a costarle demasiado separarse, aunque solo fuese por unas semanas, de sus amados arroyos, sus callejuelas oscuras, y de esa luz tan hermosa que iluminaba, allá a lo lejos, por la tarde, la cornisa de su ciudad adorada, sus queridos detritos.

Como todas las tardes, se puso su gorro de color rojo sangre y salió a dar su paseo.

Deambulaba por el muelle, cuando sonó la sirena de salida del carguero chino más grande que jamás una rata hubiera visto. Lo miró fijamente y se puso a soñar.

Sintió un deseo irresistible de dejarlo todo, no para irse de vacaciones o dar un paseo, sino para iniciar una nueva vida.

Se quedó sin aliento, paralizado ante el inmenso casco.

De repente, se lanzó al vacío, agarró la cuerda, trepó hasta la cadena, se deslizó hasta el torno de mano y desapareció en la bodega del barco, irresistiblemente atraído por un olor sublime a fuel y pescado podrido.

Por supuesto, nadie oyó hablar nunca más de él.

25 de agosto

Marcela Cigarra y Andrea Hormiga

La vereda de tierra, resplandeciente de blancura, se prolongaba hasta el horizonte completamente recta entre los pinos. Ir por la sombra azulada de los árboles, por lo general soportable, resultaba tan asfixiante como ir a pleno sol. Un perfume de resina cálida flotaba en el aire.

Marcela Cigarra, aplatanada en la rama de un árbol, dormía. Se despertó bruscamente. Entre los ruidos estridentes del bosque distinguió su nombre. La llamaban.

—¡Marcela! ¡Eh! ¡Marcela! ¿Quieres bajar de una vez? Tengo que preguntarte una cosa.

—¡Oh, vaya! ¿Quién es? —preguntó Marcela sin volver la cabeza, porque las cigarras no tienen cuello.

Soy Andrea. Tu gemela. Andrea Hormiga. Tengo que pedirte un favor, en fin, tengo... ¡Bueno! Hazme un favor de hermana si no te importa.

—¡Y en qué consiste ese favor? —preguntó Marcela, desconfiada.

—Ese favor es un pequeño favor —dijo Andrea, enigmática—. En cualquier caso, no es muy grande.

Marcela, de mala gana, pero intrigada, tomó impulso, saltó del árbol y cayó en medio del camino.

—¡Por aquí, por aquí! —gritaba desesperadamente Andrea, haciendo grandes gestos, apenas visibles para Marcela, que, torpe como todas las cigarras, se había dejado caer de cualquier modo y había aterrizado bastante lejos de la hormiga.

Las dos habían nacido en San Julián, un pueblecito situado a algunos kilómetros de allí, en un día igualmente caluroso, aproximadamente un año antes.

Andrea Hormiga, tras caminar un buen trecho, llegó junto a Marcela.

—¡Ah! ¡Estás ahí! —dijo la cigarra—. Perdón por el aterrizaje. Ya sabes lo que es…

—Tú, por lo menos, cuando bajas, no te complicas la vida: caes como un melocotón maduro, es muy práctico —dijo la hormiga.

—No tan práctico si lo piensas. Si caes de espaldas, o en un zarzal, ¡ríete tú del lado «práctico»! Bueno, al grano: ese favor, ¿en qué consiste exactamente?

—Pues verás —dijo Andrea—. Tengo que acudir a Mimizán esta tarde. Un duelo. Sí, mi anciana tía, sabes. Y me preguntaba…

—¡Ay! Ya te veo venir. Te decías: «Está Marcela, la gemela voladora que nunca me dice que no. ¿Y si le pidiese que me llevara? Puesto que no hace nada en todo el día, como todas las cigarras, bien puede hacer un pequeño viaje de ida y vuelta por los pinos, y, además, le servirá de distracción». Eso es lo que te decías, ¿no?

—Ejem…, no exactamente —dijo Andrea—. Primero, nunca he dicho que no hagas nada. Lo he pensado muchas veces, pero nunca lo he dicho. En cierto modo, es verdad, ¡confiésalo! Estabas durmiendo cuando te he llamado, ¿no es así?

—En absoluto —mintió Marcela—. Estaba pen-sando. ¡Pero qué te has creído! ¡Oh!

—¡Ah, muy bien! ¿Y en qué estabas pensando si puede saberse?

—Pues, mira, precisamente estaba pensando en las hormigas. Me decía: ¿qué les pasa a estas chifladas que no paran de trabajar? ¡Nunca se ve a una hormiga sentada! ¡Es increíble! Siempre están transportando algo, dándose prisa para ir a buscar no se sabe qué, corriendo en zigzag hacia no se sabe dónde, en fila, como esclavas.

—¡Pues sí! Ya ves, así es la vida —dijo Andrea—. Se nace hormiga o cigarra; es el azar. Y además, a mí no me gusta estar sin hacer nada; no hacer nada es para las cig...

—Para las cigarras, dilo. Lo ves, tu favor, querida, te lo guardas.

—¡Oh! ¡No te lo tomes así, venga! Podremos charlar por el camino.

Ese es el punto débil de las cigarras, hablar, y Andrea lo sabía. Sabía que las hembras cigarras están condenadas al silencio para dejar que sus machos froten sus membranas y puedan hacer a cuál más ruido. Andrea lo sabía, todas las cigarras hembras sufrían por eso. A ellas les gustaría tanto hacer ruido también, pero les estaba prohibido.

Hablar entre ellas es su debilidad.

—Bueno, porque eres tú —dijo Marcela—. Pero date prisa. Y una vez allí, te lo advierto, no pienso esperarte hasta después del entierro. Tendrás que arreglártelas para volver por tus propios medios. Seguro que encuentras una de esas cigarras que *no hacen nada* para traerte de vuelta, ¿no crees?

—Seguro, seguro —dijo Andrea—. Me gustaría pedirte otra cosita...

—¡Tu dirás! —dijo Marcela.

—Sí, bueno —dijo Andrea—. No es nada... Necesitaría, bueno, me gustaría, que de vuelta, mientras estoy en misa, trajeses a mi casa una nevera. Pero, no te preocupes, es una nevera de hormiga, minúscula, que he heredado de mi...

Marcela ya se había ido.

«Aún no me he repuesto», pensaba, mientras volaba hacia su árbol, sabiendo que no aterrizaría al primer intento.

26 de agosto

Fany, Mili, Jo y las demás

Por un lado, estaban Fany, Adriana, Marianela, Bernardina, Cipriana y Julia: eran golondrinas más bien clásicas. Por otro, estaban Jo, Mili, Gus, Berta, Andy y Jackie: más bien tipo jazz.

—Míralas —dijo Bernardina a sus amigas—, dan un Do Do Si La Si Re. ¡No valen nada! ¡Vámonos! Yo me largo a la Cochinchina! ¡Nos vamos, chicas!

—Que se callen un poco esas carrozas —dijo Jo a sus amigas—. Si La Si Sol Do Fa ¿qué es? ¿Vivaldi? ¿O tal vez Bach? Vámonos para África; allí está la verdadera música.

27 de agosto

Dos urracas

A menudo, se ve a las urracas por parejas. Es porque se quieren y nunca se separan.

Dos urracas se amaban. Nunca se separaban.

Un día, Julia le dijo a Román:

—¿Tú me lo cuentas todo?

—¡Por supuesto que no, sería horrible! —le contestó Román.

—Deja ya de recoger gusanos y contéstame en serio —dijo Julia.

—Te he contestado con la mayor seriedad del mundo. ¿Para qué quieres que te cuente todo? Hay cosas que me gusta guardarme para mí.

—Entonces, hay cosas que me escondes —dijo Julia.

—Esconder, es ocultar —dijo Román—. Yo no te oculto nada, pero hay cosas que no te digo, que no es lo mismo.

—Yo no te escondo nada —dijo Julia—. Porque *yo te amo.*

Román no quería continuar la conversación. Amaba a Julia, de eso no cabía la menor duda, de la misma manera que le gustaba pensar en algunas cosas imposi-

bles, locas, idiotas, sin hablarle de ello a Julia o a quien fuera. Quería tener sueños y pensamientos que fuesen exclusivamente suyos.

Por la tarde, al regresar al nido, Julia miró a Román de un modo especial.

—¡No me digas que estás enfadada por la conversación de antes! —dijo Román.

—No estoy enfadada —dijo Julia—; estoy triste.

—Bueno, te voy a demostrar que tú tampoco me dices todo —dijo Román.

—¡Me gustaría saber cómo! —dijo Julia.

—¿Me estás diciendo que todo lo que sabes lo sé yo también?

—Pues... sí —contestó Julia.

—Entonces, ¿ya no tenemos nada que contarnos? —preguntó Román.

Julia se dio la vuelta y estuvo de morros toda la tarde.

Al día siguiente, la discusión estaba olvidada.

28 de agosto

Una visita

Había una vez, hace mucho tiempo, tres brujas encantadoras. Mary era la más vieja, Tadjo, la segunda, y Lisa, la pequeña.

Las tres llevaban puesta una joya donde se la ponen muchas brujas, es decir, en la nariz.

En el caso de Mary y Tadjo, se trataba de una especie de diamante, en cualquier caso, una cosa muy brillante que atraía las miradas y que producía en los demás unas ganas irresistibles de rascarse. Lisa llevaba colgado un anillo de plata enganchado en una aleta de la nariz.

Las tres eran endiabladamente guapas. Cada una tenía su especialidad de bruja. Mary embrujaba con regalos, Lisa, a través de la música, y Tadjo, del baile.

Un día, en su castillo de Criec, en el corazón del bosque bretón, recibieron la visita de un viejo duende. Era un pequeño anciano, en otra época rubio, todavía bello, con la piel arrugada como el tronco de un roble y los cabellos blanco platino.

Había oído hablar de las brujas y quería verlas a toda costa, pues apreciaba la compañía de las mujeres hermosas.

—¿Cuál de vosotras es Mary? —preguntó.

—Soy yo —contestaron a un tiempo las tres brujas, a las que les gustaba bromear.

—¡Pues estoy arreglado! —dijo el viejo, mirándolas fijamente una a una—. Me han dicho que Mary es la más guapa de las tres.

—Es verdad —dijeron las dos más jóvenes.

—Es mentira —dijo Mary al mismo tiempo.

—¡Ah! —dijo el viejo—. Ya me imagino quién es Mary. ¡Y además sois modestas! ¡Qué maravilla!

Se acercó a Mary, y esta se agachó pensando que el duende quería cuchichearle algo al oído, pero este solo le besó la mano.

Lisa y Tadjo se echaron a reír. Pero, a pesar de encontrar ridículo el gesto, sintieron un poco de celos de esa deferencia dirigida a su hermana mayor. Así que Lisa se puso a cantar y Tadjo a bailar ante el recién llegado para atraer su atención. Desconcertado, pero encantado, el duende buscó como pudo un lugar donde sentarse y disfrutar del espectáculo, pero, al no encontrar ningún asiento para su estatura, se instaló en la alfombra a los pies de Mary, que le ofreció sin más demora una estatuilla de bronce a modo de bienvenida.

Bajo el encanto natural de las tres brujas, el diminuto ancianito se quedó dormido.

Cuando se despertó, tras un sueño que le pareció largo, dulce y tranquilo, se le planteó un problema. ¿Qué podría ofrecerles él, por su parte, un pobre duende sin ningún talento particular? Pero... ¿dónde estaban las tres bellas jóvenes?

El castillo parecía desierto. Trepó a la primera ventana y vio un campo segado, con montones de haces muy raros, cuadrados y no en forma de pico como los que él conocía, y luego, a lo lejos, el mar. Un coche pasó por la carretera. ¿Un coche? Pero en qué época estaba?

Habían transcurrido trescientos años.

«¡Qué deprisa pasa el tiempo!», pensó.

29 de agosto

El jefe Mat

Mat no soportaba la polémica. Era un viejo conejo que había visto mucho, leído mucho y bebido mucho zumo de zanahoria, que, como es sabido, desarrolla la inteligencia, y nadie podía nunca llevarle la contraria, negarse a obedecer una orden que él diera como jefe o incluso proponer algo nuevo para la comunidad.

Mat llevaba siempre un gorro de paja blanca, en el que había hecho dos agujeros para las orejas, unas gafas negras, que no se quitaba nunca, y un elegantísimo chaleco de cuadros que le había regalado su cuñado, la liebre, y, vestido de este modo, todas las tardes, hacía su ronda. Comprobaba si las madrigueras estaban en orden, si los jóvenes no fumaban helechos a escondidas y si los cocineros trabajaban correctamente.

A la hora de la cena, todo el mundo estaba en alerta continua.

Esa tarde, Mat comenzó su ronda, a orillas del río, observando a unos jóvenes, a los que pensaba sorprender bebiendo vino de saúco o tomando zubrovka (especie de vodka de los conejos, aromatizado con hierbas).

Como todos los días, no pilló a nadie en falta. Sin embargo, algo llamó su atención: todos los jóvenes cuchicheaban a su paso. Como no estaba prohibido reírse (se había olvidado de incluir esta prohibición en el código de la comunidad), no pudo hacer nada. Mat terminó la ronda. Había anotado en su libreta el nombre de todos los conejos que se habían reído al verle, pues pensó que quizá algún día podría necesitar la lista. Pero no comprendía de qué se rían.

Al llegar a su casa, se miró al espejo y no vio nada que pudiese suscitar la más mínima hilaridad: su sombrero estaba bien enfundado hasta sus gafas, sus orejas salían de forma armoniosa por cada lado, su chaleco estaba abrochado correctamente. No, no veía nada gracioso en su imagen.

«Tengo que preguntarle a Francisco —se dijo—. Seguro que él sabe algo».

Fue a ver a Francisco, y, aunque este se hizo rogar un poco antes de denunciar a los que había visto y escuchado (le llamaban Francisco el del balance), no necesitó mucho tiempo para saber de qué se reían los jóvenes a su paso.

—Bueno, se trata de… —dijo Francisco—. Pero prométame que no dirá que he sido yo el que…

—¡No te preocupes! —dijo Mat—. Todos saben que eres tú y solamente tú el que denuncia a todo el mundo. Así que no veo qué puede cambiar el que yo lo diga o no.

—¡Oh! —exclamó Francisco.

—¡Venga, venga! —ordenó Mat en tono seco.

—¡Bueno…, es que me resulta un poco embarazoso —dijo Francisco.

—Muy bien, puesto que no hablas, voy a ir a decir a todos que los has denunciado.

¡No, no! —gritó Francisco fuera de si—. Lo diré: los jóvenes creen que… ¿Está seguro, jefe, de que debo decírselo?…

—No estás obligado —dijo Mat con hipocresía—, pero ya sabes lo que te espera.

—Está bien —dijo Francisco, resignado—. Los jóvenes se preguntan si… si usted se quita el sombrero y las gafas negras para ir al baño.

—¿Y eso es lo que les hace reír? —preguntó Mat.

—Bueno…, sí, ji, ji, ji, ji, ji, ji, ji —dijo Francisco sin poder aguantarse.

Mat le soltó un bofetón.

Y sin volver a dirigirle la mirada, regresó a su casa.

30 de agosto

Elisa

A Elisa le encantaba conducir, pero no encontraba ningún coche adecuado para ella, pues su hocico, que para algunos era encantador, se aplastaba contra el parabrisas, y el vaho —por no decir las babas— que producía le impedían ver la carretera.

¡Qué infeliz se sentía! Fue a ver a su padre para ver si él encontraba una solución para tan delicado problema.

Su padre, dispuesto a hacer cualquier cosa por su hija, tuvo una primera idea: encargar un coche con limpiaparabrisas *interiores.*

—Imposible —respondió el vendedor de coches.

Más tarde, un día, al ir a los aseos (muchas ideas suelen surgir solo en dicho lugar) y encontrarse la ventana abierta, asomó por ella el hocico para ver qué tiempo hacía. Se le ocurrió entonces una idea muy sencilla que no se le había ocurrido a nadie: encargó para su hija un nuevo coche sin parabrisas.

Elisa estaba encantada. Se pasaba todo el tiempo al volante. Incluso a veces no dormía para aprovechar el fresquito de la noche.

No volvía a su casa hasta los primeros rayos de sol.

Su padre, encantado al principio de haberla complacido, estaba desesperado.

Elisa ya no pensaba en otra cosa más que en conducir, conducir y seguir conduciendo, embriagada del aire intenso, de la velocidad y del peligro. Hasta el punto de que, poco a poco, fue perdiendo a todos sus amigos.

Cuando quedaban para cenar —sin ella, por supuesto— y escuchaban pasar un coche en tromba ante sus casas, se referían a ella como la *loca*.

—Mira, acaba de pasar la loca.

—Casi me atropella la loca hace un rato.

—¿Tenéis noticias de la loca?

Etcétera.

Un día empezó a llover. El agua entró a raudales por el vehículo y empapó tanto el salpicadero como el vestido de Elisa. Ya no podía conducir.

Fue a ver a su padre para que encontrase una solución a este nuevo problema.

Pero no la había.

31 de agosto

Una tarjeta postal

Querida Magdalena:

Te escribo para decirte lo feliz que he sido pasando las vacaciones contigo en tu bodega y para darte las gracias por todo. Ese tiempo horrible (e imprevisto) nos ha permitido vivir prácticamente a oscuras durante un mes, lo que ha sido muy agradable para mí. Tengo aún en mis patas el gusto de tus famosas moscas a la marinera, y solo de pensar en ellas la boca se me hace agua.

Gracias de nuevo. Te dejo para ponerme a tejer una pequeña tela rápidamente antes de dormir.

Espero que nos volvamos a ver el año que viene, y el siguiente, y al otro también.

Eres mi araña de la noche, mi esperanza...

Clovis

1 de septiembre

Un veranillo de San Miguel adelantado

—Hace calor para ser 1 de septiembre —dijo Ed resoplando. Siempre había soportado mal el calor a pesar de ser del Sur.

—Es una especie de veranillo de San Miguel adelantado —dijo Mimí, abanicándose con una hoja de ginkgo que amarilleaba ya en los bordes.

—No es ningún veranillo de San Miguel adelantado —dijo Ed—. ¡Todavía estamos en pleno verano, mujer!

—Pensaba que un veranillo de San Miguel adelantado era algo muy bonito —dijo Mimí—. Podrías haber dejado que lo siguiera pensando.

—¡Oh! Yo te dejo pensar lo que tú quieras con mucho gusto —dijo Ed—, solo que no veo en ello nada *bonito*. Y, sobre todo, es falso.

—Decir eso, así porque sí, es pura maldad —dijo Mimí tras hacerse un silencio—. Eras más amable, antes.

—¿Antes de qué?

—Antes —dijo Mimí.

Los dos sabían lo que ella quería decir.

Ed y Mimí vivían juntos desde hacía mucho tiempo, y desde hacía unos treinta o cuarenta años —en realidad, desde la celebración de los ciento veintisiete años de Mimí, para ser más exactos—, su unión ya no era tan perfecta.

Eran dos duendes que habían vivido sus mejores momentos cuando realizaban pequeños números de magia en su pueblo.

Se casaron a los treinta y siete años, es decir, llevaban más de cien años casados. Ed era entonces transformador de sapos y Mimí encantadora de cochinillas. Ahora que su trabajo ya no les interesaba nada, vivían retirados, algo apartados, en la linde del bosque. Su cueva había sido excavada por un animal especializado al pie de un castaño, y con el tiempo la habían dejado muy acogedora. Desde la cocina, se veía el campo, que descendía en ligera pendiente hacia el acantilado, y, al fondo, el mar. Bordeando el acantilado corría un pequeño camino que ellos tomaban cada tarde después de cenar.

Desde hacía varios meses, ya no daban su antes paseo cotidiano. ¿Qué había sucedido?

Quizá trescientos sesenta y cinco paseos idénticos multiplicados por cien habían terminado por cansarlos.

2 de septiembre

Un pichón muy servicial

El sol brillaba por fin tras una semana de lluvia ininterrumpida.

Al atravesar la calle, Francis Sapo observó que, un poco más lejos, se veía una mancha oscura sobre el empedrado. Al acercarse, vio que se trataba de un sapo, como él, que había sido aplastado y estaba seco. Se había quedado liso como una hoja de papel y sus patas se extendían a cada lado y se retorcían en la punta de un modo que resultaba grotesco, lamentable.

Lleno de compasión, Francis decidió enterrar al pobre sapo. Pero no sabía cómo hacerlo y fue a pedir consejo a Silvestre Topo, el enterrador.

—Es muy sencillo —dijo el topo—. Tienes que despegarlo. Y para transportarlo, también es muy fácil: lo enrollas como una alfombra.

—¡Qué desagradable! —dijo el sapo—. Yo no puedo hacer una cosa así. Y además no sé cómo podría arreglármelas: no tengo ni uñas, ni pico. Voy a ver a Irma Corneja, que está acostumbrada a rebuscar en el asfalto; no estaría mal que por una vez pensase en algo mejor que en su comida.

Irma le dijo:

—Muy bien, yo me encargo de ello, no te preocupes.

Cogió su agenda de citas y apuntó.

—¿El domingo, te viene bien? —dijo con aire acelerado.

—Vaya lata —dijo Francis—, se quedará todavía un par de días así, en la calle... Es muy triste.

—Imposible antes del domingo —dijo la corneja.

—¡Qué le vamos a hacer! Gracias. Iré a ver a ese pichón parisiense que acaba de llegar. ¡Cuántas cosas no habrá visto él en París! No creo que le asuste hacerlo. Además, *él* sí que es amable.

Francis Sapo dejó a la corneja y se fue a ver a Raymond Pichón. Este se estaba limpiando las alas y no dejó de hacerlo al ver entrar a Francis.

—¡Cómo se ensucia uno en el campo!, ¿eh? ¡Quién lo diría! Bueno, psssí, claro que puedo hacer lo que me pide —dijo el pichón.

—¿Puede hacerlo ahora mismo? —preguntó Francis.

—Psssí, ahora mismo —dijo el pichón—. ¡Qué rollo!

—Nunca mejor dicho —dijo Francis—. Mire, está delante del número 16 de la calle del Puerto. Después no tendrá más que entregárselo al señor Topo, que se encargará de todo; él es quien hace esto habitualmente. Y lo hace muy bien.

—O.K. —dijo el pichón.

Y Francis se marchó tranquilo.

Por la noche, encaminó sus pasos hacia la calle del Puerto. No quedaba ni rastro del sapo aplastado. Francis se sintió aliviado.

Algunos días más tarde, se cruzó con Silvestre Topo, que volvía de una consulta, y el enterrador le preguntó:

—¿Qué ha pasado por fin con el sapo aplastado?

—¿Cómo? —dijo Francis—. ¿El pichón parisiense no se lo ha entregado?

—¡Pues no! —dijo el topo—. Pero sigo dispuesto a hacerme cargo de él, por supuesto.

Perplejo, Francis se fue a ver al pichón, que parecía sentirse algo violento.

—Bueno..., son tiempos difíciles, como bien sabe usted... —el pichón no se atrevía a mirar a Francis a los ojos.

—Efectivamente, los tiempos son difíciles —dijo el sapo—. Pero no veo...

De repente, cayó en la cuenta: ¡el pichón se lo había comido! Francis sintió náuseas y se marchó, pensando que, realmente, los pichones parisienses se habían ganado a pulso su reputación.

3 de septiembre

El cumpleaños de Nin'

«¡Otro cumpleaños! —pensó Ben—. Este, al menos, no lo voy a olvidar. Voy a regalarle a mi pequeña Nin'...»

Nin' era su hermana y no sabía qué regalarle.

Ben solía olvidar los cumpleaños de todos sus amigos, lo cual, en realidad, no tenía demasiada importancia, porque entre los ratones los cumpleaños no se celebran. Pero Ben hacía a veces cosas que los ratones no hacen normalmente.

Nin' vivía a semanas y semanas de camino de la pequeña comunidad de ratones que unos años antes se había instalado en París. Por ser la última de la camada, Nin' había sufrido una gran presión psicológica por parte de sus padres para que se quedase con ellos después de su destete. Por eso, Nin', lógicamente, había decidido irse lejos para vivir su vida con mayor libertad.

Ben se preguntaba qué hacer para poder reunirse con ella. «¡Claro!, la llamaré por teléfono», se dijo, golpeándose ligeramente la frente con la pata. Como tenía dificultades para adaptarse a las nuevas formas de comunicación, Ben no utilizaba el ordenador de la comunidad. De hecho, no sabía muy bien cómo funcionaba, pero no quería reconocerlo, y hacía como que no lo necesitaba.

En realidad, el ordenador no era imprescindible para su tipo de vida, pues, literalmente, no hacía nada.

Ben se hallaba pensando en todo esto, cuando de repente apareció la encantadora Cloé en la callejuela.

—¡Buenos días, Cloé! —le soltó Ben nada más verla.

Como le costaba mucho trabajo encontrar temas de conversación con las jóvenes ratonas con las que se relacionaba, estaba feliz de que se le hubiera ocurrido uno al vuelo.

—¿Sabes utilizar el correo electrónico?

—¿Cómo «utilizar el correo electrónico»? —preguntó Cloé frunciendo sus preciosas cejas, dos pequeños trazos apenas algo más oscuros que su piel gris—. Querrás decir: *si sé utilizar el ordenador para mandar correos electrónicos,* ¿no?

—Sí, eso es lo que quiero decir —dijo Ben, encantado de que, aunque solo fuese por un instante, le hiciese caso una ratona tan guapa.

—¡Pues mira, no! —dijo Cloé sin más—. ¡Se siente! Perdona, pero tengo que irme.

Y se marchó dejando a Ben pensativo.

Se preguntaba por qué no encontraba nunca un tema de conversación con las jóvenes ratonas. No era estúpido, ni feo. ¿Qué tenía entonces para no despertar ningún interés en las jóvenes? Se había dado cuenta de que era sobre todo con las jóvenes con las que no lograba hablar. Como si no tuviera nada que decirles. Sin embargo, le gustaría plantearles un montón de preguntas, y también enseñarles muchas cosas, pero no lo lograba. ¿Por qué?

Ben decidió ir a dar una vuelta. No tenía nada especial que hacer, como todos los días, y decidió darse un gran paseo. Se puso una chaquetilla de algodón. «Nunca se sabe —pensó—, igual hace viento por la noche», y salió, tras comprobar varias veces que no había perdido la llave que se acababa de meter en el bolsillo.

Y del aniversario de su hermana Nin', ni que decir tiene que no volvió a acordarse en todo el día.

4 de septiembre

Por fin, nos casamos

—Por fin, nos casamos —dijo Sacha, el gorrión, a su mejor amigo, Simón, que acababa de posarse en una rama frente a él y su novia.

—¿Por qué por fin? —preguntó Simón, sorprendido.

—Porque nos lo hemos pensado mucho —dijo Sacha sonriendo como para excusarse.

—¡Ya me extraña! —dijo Simón—. ¿Y por qué os casáis?

—¡Bueno, porque nos queremos! —dijo Anita, la prometida, irritada—. ¡Así de simple!

—No veo la relación —dijo Simón—. El matrimonio y el amor no tienen nada que ver. Uno puede perfectamente quererse sin casarse.

—Sí, pero nuestros padres… —empezó a decir Anita.

—Uno no se casa por sus padres —cortó Simón.

—No es eso —dijo Sacha—. Es más sencillo casarse, eso es todo.

—¡Más sencillo! —dijo Simón—. En absoluto. Está lo del ayuntamiento, lo del juez.

—¡Y la iglesia! —añadió Anita—. Siempre he soñado con casarme de blanco, con cola y pajarillos de honor.

—Estúpido y anticuado —dijo Simón—. Ahora solo los palomos se casan en la iglesia. ¿Queréis mezclaros con esa gente?

—¡Por favor, Simón! —dijo Sacha en tono brusco—. No nos estropees todo.

—Al contrario —dijo Simón—, os prevengo, como amigo. Además, si algún día os separáis…

—¡Ya basta! Estaba segura —dijo Anita mirando a Sacha—. ¡Todavía no estamos casados y tu amigo nos separa!

—Además, está lo de la fiesta —dijo Sacha—. Es divertido hacer una fiesta. Luego está lo de los aniversarios de boda, a los seis meses, al año, etcétera. ¿Qué quieres que celebremos si no? Y precisamente tú, que eres, que yo sepa, el primero que se apunta a bodas y a aniversarios de boda.

—Es justo lo que yo pensaba —dijo Simón—. Sois dos pequeños gorriones convencionales y siempre lo seréis.

—Pues sí —dijo Anita—. No veo dónde está el problema.

—¡Es verdad! —dijo Sacha para apoyar a su novia—. ¿Dónde está el problema?

Simón se fue de la rama, lanzando un gran suspiro, sin responderles.

¿Por qué se empeñaba Simón en convencer a dos jóvenes pajarillos encantados de actuar como sus padres, que, al igual que todos los gorriones una vez casados, no paraban de pelearse?

5 de septiembre

Los invitados

Djin había preparado todo para la celebración del cincuenta cumpleaños de Olaf, su marido. Cestas de frutas suntuosas, ensaladas generosas, pasteles untuosos… Como tenía una cueva enorme para los dos —lo cual era raro entre los duendes—, podían ofrecer una gran recepción.

Olaf había estado trabajando, pero más bien para él, realizando su trabajo cotidiano sin pensar en la velada. Eso era asunto de Djin.

«Tengo que dejar que me agasaje —pensó Djin con sensatez—; eso la hace tan feliz».

Los invitados llegaron muy pronto. Demasiado pronto, le pareció a Djin. Se precipitaron sobre la comida, que desapareció en seguida, pero no tocaron las frutas.

Olaf pensó que Djin no había preparado suficiente comida, pero no le dijo nada por delicadeza.

Djin, en cambio, opinaba que en las fiestas siempre se comía demasiado y que las cestas de frutas, y más tal como ella las había preparado, quedaban mucho mejor que las ensaladas de pasta; por tanto, para ella todo iba estupendamente.

Se bailó, se bebió, se rio, y se siguió bailando, bebiendo y riendo.

Hacia las cuatro de la madrugada, entró en la cueva una pequeña pandilla de duendes juerguistas, que inmediatamente se pusieron a charlar, a tomarse los restos de bebida de los vasos y a bailar. Djin no podía más. Conocía bien a esta pandilla de duendes, que siempre se encargaba de dar el fin de fiesta. Pero como todos eran a cual más encantador, era realmente imposible echarlos a la calle.

Hacia las seis de la mañana, Djin hizo como que se había puesto enferma y se encerró en el cuarto de baño, pero no logró vomitar. Al cabo de una hora, aburrida de estar sentada en el baño, volvió a reunirse con sus invitados.

El día despuntaba. Todo el mundo estaba allí todavía, la pandilla de duendes al completo seguía cantando y bailando. Olaf dormitaba en un rincón. De cuando en cuando, hacía un gesto afirmativo con la cabeza, aunque nadie le preguntase nada, conservando los ojos cerrados.

De repente, Djin tuvo una idea para que la fiesta terminase por fin. Escondió el vino de saúco que quedaba detrás del arcón de las alfombras.

Cuando los invitados se dieron cuenta de que ya no quedaba nada para beber, pasaron unos segundos de desesperación para ellos y de esperanza para Djin. Pero pronto descubrieron una botella de aguardiente entre los regalos que habían hecho a Olaf.

El grito de alegría fue general.

Hacia las ocho de la mañana, había un montón de duendes dormidos unos sobre otros. Djin y Olaf estaban sentados en el suelo, apoyados en la pared, uno junto al otro. Olaf, que parecía dormir como un tronco, mostraba una sonrisa de felicidad.

—Ha sido un cumpleaños perfecto —dijo a Djin—. Y todo gracias a ti, cariño.

—Gracias, mi amor —dijo Djin—. Es verdad. Feliz cumpleaños.

Y volvieron a dormirse.

6 de septiembre

El silencio

Era el día de la vuelta a clase.

—Eva es un nombre de enamorada —dijo Juan mirando fijamente a su compañera de clase—. ¿De quién estás tú enamorada?

Eva y Juan se conocían desde siempre. Eran dos ardillas nacidas el mismo día, pero en árboles diferentes, hacía siete semanas, es decir en pleno verano. Quizá por eso no tenían ganas de hacer deberes, ni de ir al colegio: aún se sentían de vacaciones.

—¡Juan! —dijo el profesor, que había visto a la ardilla hablar a su compañera—. Sal de clase y no vuelvas hasta que no hayas reflexionado sobre el significado de la palabra «silencio».

Juan salió de clase y saltó de rama en rama hasta el huerto.

Desde su puesto de observación, advirtió que las nueces estaban todavía demasiado verdes, pero no obstante decidió probarlas. También vio, allá lejos, al otro lado del camino, que las castañas empezaban a amarillear, pero, como todavía les faltaba mucho para caer del árbol, ni pensó tocarlas.

Y después, se puso a pensar en lo que le había dicho el profesor: reflexionar sobre la palabra «silencio».

«Es muy sencillo —se dijo Juan—. El silencio no existe. Siempre hay ruidos en el bosque, desde la mañana hasta la noche y desde la noche hasta la mañana».

Sabía lo que iba a decirle a su profesor. Cuando le preguntase: «Bueno, Juan, ¿has reflexionado sobre la palabra silencio?», él le contestaría: «El silencio no existe, señor».

Por lo menos, eso haría reír a Eva. Y a él le bastaba.

7 de septiembre

Raro

María se paseba sola. Era un poco antes de la puesta del sol. Todo estaba en calma. Reinaba una atmósfera extraña: ningún vecino ni ningún animal se habían acercado a saludarla después de la siesta, y más aún, ninguna mosca había venido a molestarla, cuando ese era el momento en el que normalmente solían hacerlo; los árboles de la calle principal parecían inmensos; el cielo estaba demasiado rojo para una tarde de verano, y la tierra, más blanda que de costumbre, era de un verde esmeralda. «¡Qué raro!», pensó María.

Le parecía que había pasado mucho tiempo desde que dejó a sus padres, por lo menos varias horas, quizá incluso varios días, pero ¿dónde había estado durmiendo toda la tarde?

Sus padres le habían advertido de que tuviese cuidado con los nuevos lobos llegados de Italia, que se alimentaban fundamentalmente de pequeños duendes como ella, mucho más fáciles de atrapar que los conejos y más fáciles de comer que esos enormes corderos que, según decían, dejaban toda la boca llena de pelos.

No es que los duendes fuesen desnudos, por supuesto que no, salvo excepciones, pero sus vestidos estaban hechos por lo general de flores y de hojas, y eso constituía una aportación vegetal que sin duda sabían apreciar aquellos que se los comían.

María pensaba en todo eso.

Decidió apartarse del camino.

Quizá pensó que se la vería menos entre la hierba y los helechos.

Sin duda.

Pero ahora era ella la que hacía demasiado ruido al partir con sus pisadas las pequeñas ramas secas de los pinos, siempre tan quebradizas.

En el momento en que se internó en el pinar, vio detrás de cada tronco, inmenso y recto, el ojo amarillo y frío de un lobo. Había cientos de ojos amarillos.

Se oyó un portazo.

—¡Despierta, María, es la hora! —gritó su madre—. ¡Se te hace tarde!

«¡Uf! —pensó María—. ¡Qué estupendo es ir al colegio!».

8 de septiembre

Djodjo

El camino encajonado, bordeado de fresnos, serpenteaba entre dos campos de manzanos, donde miles de manzanas caídas en círculo a la sombra de los árboles componían un tapiz rojo sobre la hierba verde.

Djodjo se hallaba sola una vez más. Su rostro estaba serio, pero no así sus pensamientos, ni tampoco sus gestos: estaba bailando.

Le gustaba estar sola. Era una duende diminuta que había llegado a París desde las Antillas, por casualidad, siendo muy pequeña.

Una vez en la ciudad, huyó al bosque más cercano, donde llevaba viviendo mucho tiempo completamente sola.

No formaba parte ni de los duendes rojos ni de los duendes negros.

Rubia y de pelo rizado, su pequeña nariz aguileña se alargaba algo más que la de sus camaradas Cloé y Carola, y sus ojos eran mucho más azules que los de sus compañeras.

Para los duendes negros, era roja, y para los duendes rojos, negra.

Sin ser totalmente rechazada por los dos grupos, no formaba parte ni de uno ni de otro.

Djodjo era bailarina. Y ensayaba por los campos.

Eran las siete y media de la tarde.

Llevaba un buen rato allí, bailando al son de una música que nadie oía, ni ella tampoco, pues bailaba sin música. Las cornejas Jil y Jack rebuscaban en la tierra, junto a ella, sin haber advertido su presencia, y los conejos Corentín y Loïc acababan de salir del bosque, como cada día a la misma hora, para lavarse los dientes.

Djodjo decía que no necesitaba música para bailar, que el baile y la música no tenían nada que ver. Un, dos, un-dos-tres-, un dos, un-dos-tres, con esto bastaba.

—¡Eh! —oyó de repente muy cerca de ella.

Acababa de introducirse en el cuadrado de Eduardo. Eduardo era una rata horrible que había decidido hacer pagar un derecho de paso cuando alguien franqueaba un límite invisible que él mismo determinaba, según su estado de ánimo.

Había instituido esta tasa, y todos la pagaban sin protestar, porque todo el mundo, salvo Djodjo, tenía miedo de él.

—¡Ah, buenos días, Eduardo! Un, dos, un-dos-tres-, noventa y siete —dijo Djodjo sin dejar de bailar y sin quitar la mirada de sus pequeños pies, pues en cada paso, a modo de juego, intentaba poner la punta sobre una hoja muerta.

Detrás, Eduardo la observaba, tumbado al pie de un árbol, en su posición favorita, con su larga cola pelada cruzada y mascando con desgana un pequeño insecto.

—Son *schinco* euros por *paschar* —dijo con la boca llena de élitros, de alas y de patas difíciles de mascar, incluso para sus dientes puntiagudos.

Djodjo se paró para respirar. Estaba cansada y feliz. Había contado cien veces «un, dos, un-dos-tres» sin parar. Por fin lo había conseguido. Se encontraba bien. Su entrenamiento había dado sus frutos, estaba lista para su primera actuación. Le importaba un comino lo que le decía la rata.

—¿Cómo? Perdón..., no le he entendido.

—¡Son cinco euros por pasar! —repitió Eduardo, gritando esta vez.

Djodjo se puso a reír. El espectáculo de esa horrible rata miserable mascando con dificultad algo asqueroso, en lugar de un sentimiento de piedad, provocó en ella un ataque de risa que fue incapaz de reprimir.

Escupiendo lo que le quedaba en la boca, Eduardo se levantó y desapareció.

9 de septiembre

Björn, el duende del Norte

Nadie comprendía por qué los niños que iban a ver a Björn, el duende cuentista del Norte, no podían dormirse después de la visita.

Cuando preguntaban a los niños si las historias de Björn eran aterradoras, respondían:

—¡Qué va! Para nada.

Y cuando sus padres les preguntaban si las encontraban bonitas, respondían:

—Superbonitas.

Max, uno de los padres, empezó a sospechar entonces que quizá Björn ofreciera a los niños demasiados bombones y pastas de té, lo que bien podría explicar sus insomnios. Y decidió esconderse en los alrededores de la casa de Björn para observar lo que pasaba allí dentro.

Tras ver cómo llegaban todos los niños, se acercó a una ventana y vio que, nada más entrar en la casa, los niños se apretujaban unos contra otros para escuchar al duende a pesar de que hacía mucho calor.

—Érase una vez —comenzó Björn—, un enano llamado Fafnir que quería apropiarse del tesoro de su padre. Entonces, lo mató. Después, expulsó a su hermano, que se llamaba Regin. Una vez solo, Fafnir se transformó en un terrible dragón y se tendió tranquilamente sobre los montones de oro para que nadie pudiese apoderarse de ellos. Su hermano Regin quiso vengarse, y partió en busca de su amigo Sigfrido, a quien pidió que matase al dragón. Y este, para complacer a su amigo, lo hizo inmediatamente. Antes de morir, el dragón Fafnir le dijo a Sigfrido que no se fiase de Regin y le confió varios secretos para que, en caso de necesidad, pudiese utilizarlos contra Regin.

»Sigfrido, tras matar al dragón, probó su sangre, así, con la punta del dedo. Y esto le dio el poder de comprender el lenguaje de los pájaros, algo realmente práctico si tenemos en cuenta que los pájaros son muy habladores.

»Los pájaros dijeron a Sigfrido que lo que Regin pretendía era recuperar el tesoro. Entonces, Sigfrido también lo mató. Y después, para asegurarse de que el dragón no pudiese resucitar (porque nunca se sabe, al fin y al cabo eran seres mágicos, ya me entendéis), *se comió su corazón.*

—¡Oh! —exclamaron todos los niños al unísono.

—Y por último —prosiguió Björn—, Sigfrido bebió la sangre de los dos hermanos. Ya está, la historia ha terminado. Venga, niños, es la hora de irse a dormir.

Los niños, entusiasmados, volvieron a sus casas y pidieron a sus padres que les contaran otra historia antes de dormir, una historia que terminase bien.

Pero, con todo, después no consiguieron dormirse inmediatamente.

10 de septiembre

Una bruja especial

La señora Ictericia era una bruja especial. Se sentía muy desgraciada por ser bruja. Lo cual no es habitual.

Su sueño era el de ser una mujer normal y vivir entre los humanos, y no en el bosque con las demás brujas, los duendes, los elfos, los magos, los conejos y los sapos.

A pesar de su horrible nombre —sin duda, un apodo puesto de niña, ¡ya se sabe lo crueles que pueden llegar a ser los niños entre ellos!—, ella no solo no era amarilla, sino que era más bien de color naranja, incluso casi marrón, sobre todo ese día, que acababa de regresar de vacaciones.

Había pasado el verano en la Costa Azul y, como todas las mujeres de allí, se había teñido el pelo de pelirrojo y se había tumbado al sol desde la mañana hasta la noche, después de haberse embadurnado bien de crema, de tal modo que, pasados varios días, su cabeza era como una calabaza reseca pringada de aceite a la que hubiesen colocado encima, como quien no quiere la cosa, un perro pelirrojo de pelo largo. De regreso al bosque, todas las brujas se rieron de ella.

—¡Parece una mujer! ¡Parece una mujer! —gritaban todas sus compañeras, reunidas en el lugar donde había aterrizado con su escoba.

Tener el aspecto de una mujer es el colmo del ridículo para una bruja.

La señora Ictericia rechazó con un gesto las burlas, y se puso a presumir y a enseñar todo lo que había comprado para parecer una auténtica mujer: un reloj japonés, un bolso italiano, unas deportivas americanas, unos vaqueros españoles, un sujetador francés y joyas africanas.

Mientras todas se burlaban de ella y farfullaban un montón de insultos a su alrededor, la señora Ictericia sonreía feliz.

Pero, una vez pasada la excitación, entró en su casa y se echó a llorar.

De nuevo, tenía que convertir duendes en sapos, preparar brebajes, hechizar, raptar a pobres niños indefensos y echarlos en ollas, etcétera, etcétera.

Le habría gustado tanto tener una vida de mujer: cambiar los pañales perfumados de los bebés al despertarse por la mañana, trabajar duramente hasta la noche, hacer la colada, planchar, ir a la compra, etcétera.

«Sé muy bien que, el próximo verano, volveré a la Costa Azul —se decía llorando— y me disfrazaré de nuevo de mujer, y será maravilloso. ¡Pero, entre tanto, tendré que chuparme un año de magia!

11 de septiembre

Una historia de amor

Entre calamares, nunca hay discusiones.

A veces, incluso hay grandes historias de amor.

Lulú y Fred se habían conocido en pleno océano hacía dos años. Dos años de vida en común es mucho tiempo. Al menos para una pareja de calamares.

Lulú fabricaba tinta negra, clásica y de buena calidad. Era el hombre de la pareja. En cuanto a Fred, hacía tinta violeta. Era la mujer. Él la llamaba «mi ángel». Con sus inmensos y globulosos ojos y todos sus tentáculos rosas alrededor de la boca, Fred en seguida le gustó mucho a Lulú.

Se enamoró locamente de ella. La persiguió en silencio de roca en roca durante semanas. Ella se escondía unas veces entre los corales (amigos suyos, aún más silenciosos que ellos), y otras, detrás de la roca de Julia, la morena; y a veces, uno detrás del otro, aunque a bastante distancia, rodeaban la colina de Napoleón, un mero que vivía allí desde hacía lustros. Un día, nadando a gran velocidad, Lulú dibujó numerosos arabescos con su tinta alrededor de Fred haciendo un bonito motivo, un poco banal, pero bonito. Era muy fácil para él.

Ella le llamó mi «Picasso». Como no sabía dibujar, le admiraba por su destreza. Lulú hacía uso, incluso abusaba, de su facilidad para dibujar. Realizaba cualquier cosa con su tinta. A Fred le gustaba todo. Más tarde, esta admiración se transformó en amor.

Rápidamente, ella se dio cuenta de que era suave e increíblemente blando al tacto, sin llegar a ser viscoso.

Ya no se dejaron nunca.

Su único deseo era que, de ser ese su destino, los pescaran juntos.

12 de septiembre

Anja

Por fin había estallado la tormenta, refrescando la atmósfera de los días anteriores. La víspera, los duendes ya no sabían cómo vestirse para aguantar una temperatura tan anormalmente alta para la época.

Entonces, Anja decidió no vestirse con nada. Salió de su cueva y recorrió el trayecto de su casa al río totalmente desnuda.

Anja era de origen sueco. Apenas más grande que los demás duendes, su piel rosa y su pelo rubio cortado muy corto y erizado la hacían parecer un pollo desplumado recién salido de la peluquería. No tenía el tradicional pudor de los duendes, pues no había sido educada así, y le daba igual que la vieran desnuda en medio del claro del bosque.

Cuando pasó ante la cueva de Benjamín —que iba detrás de ella desde el día en que la vio llegar sentada sobre una oca—, se cayó de espaldas, se levantó, frotándose los ojos, y la siguió como imantado.

Ella continuó su camino. A medida que atravesaba el pueblo, los duendes salían al umbral de sus casas para mirarla, y luego la seguían como por hechizo.

Por supuesto, cada uno hizo un comentario a su vecino (por lo general de indignación) sobre el comportamiento de la joven, pero sin poder evitar seguir sus pasos.

Alguien (se trataba, en este caso, del inmundo Dimitri) fue a ver al jefe del pueblo y se quejó de la recién llegada.

—No veo en qué puede perturbar esto la vida del pueblo —dijo el jefe, como si estuviese hechizado él también—. Son sus costumbres y hay que respetarlas.

Y corrió a ver si Dimitri había dicho la verdad.

Al llegar a la orilla del río, el jefe de los duendes vio a Anja nadando con tanta gracia que, tras hacerle un pequeño saludo de cortesía, se lanzó él también al agua, pero completamente vestido, ante todo el pueblo allí reunido.

Al oír los gritos de entusiasmo, los demás duendes, que no estaban haciendo nada especial a esa hora del día, acudieron al lugar.

Benjamín, el enamorado, al ver a Anja, y sobre todo a su jefe, divertirse en el agua como locos, se lanzó también, seguido del resto del pueblo.

Solo se quedaron en la orilla el inmundo Dimitri y Francisca, una duende que soñaba con convertirse en bruja.

—¡Es increíble! —dijo a Dimitri, que se había quedado mudo—. Todo ese hervidero de gente jugueteando en el agua, parecen sapos rojos a punto de ahogarse.

—¿Sapos rojos?… —contestó Dimitri, ensimismado—. No…, no me lo parecen.

Y, sin poder resistirlo, se tiró también al agua.

Francisca se había quedado sola y ya no tenía con quién hablar.

—¡Vamos! ¡Ven, Francisca! —le gritó el jefe, que quería que todo el mundo participase de ese momento imprevisto de felicidad.

—¡Por supuesto que no! —gritó Francisca, que estallaba de rabia.

Nadie la oyó. Habría preferido morirse en ese momento antes que mezclarse en la alegría general. Quería aislarse, guardar sus celos como quien intenta proteger una herida de los golpes.

—¡Venga, Francisca! —le gritaron otros duendes, intentando salpicarla desde lejos.

La alegría era vertiginosa. De repente sintió un deseo inmenso de disfrutar del agua fresca, de sumergirse, de nadar y de reír, de olvidar el rencor y el mal humor, y de fundirse con la multitud vociferante y gesticulante. ¡Ella también tenía derecho!

Se quitó el gorro.

Se hizo un pequeño silencio.

—¿Francisca? ¡Ah, no! —gritó una voz anónima, que sonó como un disparo y se perdió entre el bullicio y las risas, que se reanudaron con más fuerza.

¡Ya estaba! Decidido.

Francisca se quedó inmovilizada. Frunció el ceño y, con la mirada triste, cerró su puño derecho hasta hacerse daño, como había hecho siempre para no echarse a llorar.

Estaba decidido. Sería bruja.

13 de septiembre

Una historia tristemente cierta

El oso se despertó de mal humor. No tenía ganas de ir a buscar comida.

Una rana pasó junto a él. La cogió de un lengüetazo y se la tragó. La rana cayó en su estómago como se cae en un pozo y se puso a chillar:

—¡Oye! ¡Que yo no soy comestible, imbécil!

En ese momento, pasó un zorro al lado del oso y oyó solo la palabra «imbécil». También él tenía mucha hambre, pues no había comido nada en toda la semana.

—Imbécil tú —le dijo al oso—. ¿Qué te pasa que te da por insultar a los paseantes?

—No soy yo; es una rana que acabo de comerme y que grita en mi estómago —dijo el oso—. ¡Nunca he visto nada igual! ¡Me grita que ella no es comestible y *me* trata de imbécil!

El zorro, dando muestras de no creerse ni una sola palabra del asunto, le dijo al oso:

—¡Muy interesante! ¿Sabías que, si es verdad lo que dice, podrías morirte?

—¿Tú crees? —dijo el oso temblando de miedo—. ¿Y qué debo hacer?

—¡Tienes que escupirla inmediatamente!

El oso escupió la rana. Y el zorro la atrapó y se la comió antes de que esta pudiese pronunciar una sola palabra.

La rana empezó de nuevo a gritar:

—¡Oye! ¿Quién me ha comido ahora? ¡Os digo que no soy comestible! ¡Pandilla de imbéciles!

El zorro empezó a dudar y a pensar que el asunto de la rana tal vez fuese verdad.

Intentó escupirla, pero no lo logró, y cayó fulminado a un lado del camino. Envenenado.

La rana, por su parte, salió de la boca del zorro y saltó al pozo.

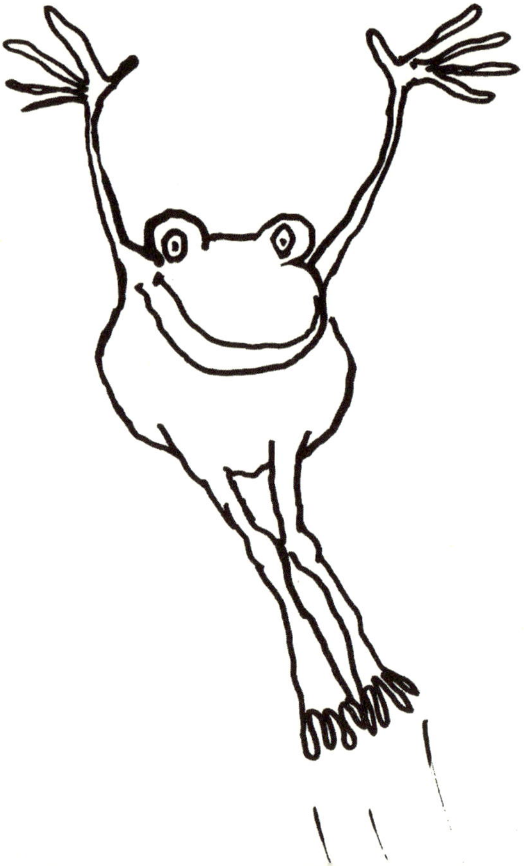

14 de septiembre

Un auténtico hechizo

Macha era una bruja no demasiado mayor; tenía treinta, tal vez cuarenta, o como mucho cincuenta años.

No tenía ningún defecto especial, salvo sus dientes, pero con la boca cerrada era como una mujer corriente, nadie podía sospechar que se trataba de una bruja.

Acababa de establecerse en una casucha y pretendía ser aceptada por el pueblo para llevar a cabo allí sus fechorías; por eso, aquel día, quería salir de su casa bien peinada y aseada.

El sol brillaba. El aire era suave. Se anunciaba un día agradable. De regreso a casa, Adam, el jefe de los duendes, dio los buenos días a Macha, que se secaba los cabellos al sol. Un simple buenos días anodino acompañado de un pequeño gesto con la mano.

—¡Buenos días! —dijo Macha, mostrando sus dientes negros y echando hacia atrás su cabellera reluciente—. ¡Acabo de mudarme! ¿Me haría usted el honor de pasar a tomar un trago en mi modesta casucha?

Acostumbrado a que todo el mundo fuese amable con él por los más diversos motivos, el jefe de los duendes aceptó.

Al darle el apretón de manos, Adam se dio cuenta de que la punta de su gorro llegaba casi a la altura de la rodilla de la recién llegada, lo que le hizo sentir un ligero malestar, pero, no obstante, entró.

Al ver que parecía algo tímido («seguramente, es por su pequeña estatura», pensó ella), la bruja se agachó para que se sintiera más cómodo. En ese momento, un rayo de sol iluminó una zona de la piel de la bruja entre el cuello y el hombro. Ella sabía que esa zona, al ser iluminada de determinada manera, ejercía un poder especial sobre los duendes viejos. En efecto, el duende no pudo evitar darle allí un beso furtivo, pero un beso al fin y al cabo.

Y ocurrió algo terrible: los labios del duende se quedaron pegados. ¡Solo unos segundos! ¡Pero el fluido hechizante se había transmitido!

Corrió a toda velocidad a su cueva, se encerró con llave y reflexionó.

«Después de todo —se dijo—, estoy solo desde hace tanto tiempo, esta joven dama no es tan fea, incluso es guapa, salvo sus dientes; no huele muy bien, pero le diré que se lave mejor; además, yo no tengo la culpa de haberla besado, ella me ha *ofrecido,* literalmente, su cuello, ¿no? Muchas historias de amor empiezan así. ¿Qué hay de malo en ello?».

La bruja le había seguido. Llamó a la puerta. Él le abrió. Eso fue todo.

¿No es esto lo que se llama un auténtico hechizo?

15 de septiembre

Una bruja sin poderes

Érase una vez una bruja odiosa que había perdido sus poderes porque otra bruja, mucho más mala que ella y también mucho más hábil, se los había quitado.

Esta bruja sin poderes ya no sabía qué hacer a lo largo del día. Y decidió volverse buena. Pero ella no sabía ser buena: solo sabía hechizar.

Por lo tanto, no pudo convertirse en una bruja buena —no existen—, sino en una falsa bruja, es decir, una bruja que hace hechizos que no funcionan, o que funcionan solo de cuando en cuando.

Vivía, pues, con la esperanza de que sus hechizos funcionaran algún día.

Dicho de otra manera, se convirtió en una mujer mala cualquiera, como las que se pueden encontrar por todas partes: en la calle, en la playa o en vacaciones en casa de unos amigos.

16 de septiembre

Guapo y dotado para la música

Román estaba bastante dotado para la música, sobre todo para ser perro, pero nunca presumía de ello. Mateo era más fuerte que él y, por qué no decirlo, mucho más guapo, con su pelo largo, pelirrojo y rizado. Por eso, cuando veían a todas las perras alrededor de Román y ninguna alrededor de Mateo, todos se preguntaban por qué. Román tenía sin duda algo especial que gustaba, y los perros del vecindario se preguntaban qué era, pero ninguno lo sabía.

Un día, Mateo fue uno a uno preguntando:

—Pero ¿qué tengo yo? ¿Por qué no me quiere nadie? ¡Soy el más guapo y hago música mejor que nadie!

—Todo el mundo hace música, más o menos, sabes —le respondió Román.

—¡Pero no todo el mundo es tan guapo como yo!

—Sí, sí —le contestó Román—. Todo el mundo es tan guapo como tú.

17 de septiembre

Los besos del lobo

Un lobo quería casarse. Escogió a la más adorable, la más blanca de las ocas del corral.

La estuvo cortejando. Al principio se hizo la interesante, pero muy pronto aceptó irse con él para casarse, ignorante de lo que hacen los lobos con las ocas. Tras pasar por el ayuntamiento y luego por la iglesia del pueblo, los dos recién casados, impacientes por encontrarse solos, bailaron poco y comieron menos, y, luego, se metieron en un pequeño coche eléctrico y enfilaron rápidamente hacia los bosques, derechos a la guarida del lobo. Una vez en casa, el lobo, arrebatado por sus besos, se comió a la oca hasta la última pluma.

Evidentemente.

Por eso, no nos sorprende que se diga: «Más tonto que una oca».

18 de septiembre

El dinero de la liebre

Una liebre, muy avara, tenía ahorros. Suficientes como para irse de vacaciones, o para comprar un pequeño vehículo de ocasión o una moto.

El zorro, cuya incapacidad para el ahorro es de todos conocida, y al que los celos y el hambre atormentaban, descubrió el escondite de la liebre y se apoderó de todo su dinero.

Una vez en posesión de las monedas y de los billetes, no supo qué hacer con todo ello, pues si lo gastaba demasiado deprisa, todo el mundo comprendería quién había sido el ladrón.

Decidió por lo tanto esperar y hacer solo pequeñas compras: un asado por aquí, unas salchichas por allá, nada excesivo.

La liebre, una vez repuesta de la sorpresa de haber sido robada, empezó a investigar. Observó que el zorro engordaba y engordaba, lo cual, como todo el mundo sabe, no es muy habitual en un zorro. Lo vigiló, pues, de cerca y descubrió en seguida su escondite. Allí quedaba muy poco dinero, la liebre lo cogió, y se fue a decir a todo el mundo que el zorro era un ladrón.

Al denunciar al zorro, la liebre reconocía que tenía dinero, ella, que nunca había invitado a nadie a comer.

Sus amigos le dieron la espalda, y empezaron a pensar si, en definitiva, el zorro no habría hecho bien.

19 de septiembre

Un viejo oso desagradable

Érase una vez un oso muy malo. Los osos son a veces malos, pero este era más malo que ninguno.

Sucedió que, a pesar de su maldad (y aunque parezca increíble), el oso tuvo esposa y varios hijos. De viejo, sus hijos, ya mayores, abandonaron la cueva familiar y se fueron a vivir por ahí, cada uno a un país diferente.

Después, el viejo oso cayó enfermo, y su mujer se ocupó de él, a pesar de su carácter cada vez más difícil.

Sus hijos lo visitaban en contadas ocasiones.

Cada vez que aparecían, el oso se hacía el amable para que se quedaran más tiempo con él y lo distrajeran. Pero en cuanto llevaban allí algún tiempo, se volvía otra vez desagradable.

—¿Cómo puedes seguir soportándolo? —preguntó uno de los hijos a su madre—. Es realmente espantoso.

—Hijo, hay que comprenderlo, está enfermo —dijo la madre.

—¡Pero, acuérdate, él siempre ha sido así! —dijo el joven oso.

—Entonces, es que le quiero —dijo la madre.

20 de septiembre

El vecino

Esta es la historia de un conejo.

Una mañana, hacia las ocho, se vistió, se puso su pantalón escocés, su chaquetita de *tweed,* su sombrero de ala ancha y salió de casa. Hacía frío ese día, pues el verano estaba a punto de terminar; sintió que el aire fresco le entraba por el cuello, y con un gesto maquinal se lo subió, tiritando, como a veces hacemos todos en estos casos.

Su vecino, Emilio Sapo, estaba en el umbral de su puerta.

Hiciese viento o helase, fuese de día o de noche, allí estaba Emilio, plantado como un centinela.

—El tiempo se está estropeando —dijo Emilio al conejo—. Va a llover... ¡Está bien que llueva! ¿No crees?

El conejo no tenía ganas de contestar.

A veces, por la mañana no se tienen ganas de hablar.

—¿De mal humor? —dijo el sapo—. No me extraña... A nosotros nos viene muy bien, claro, pero a vosotros, los mamí..., los peludos...

El conejo se fue. Iba a buscar pan.

Cuando regresó, el sapo aún seguía allí, enmarcado por su puerta.

—¡Ah! —dijo, relamiéndose sus morros viscosos—. Qué rico el pan calentito cuando hace frío, ¿no?...

El conejo esbozó una leve sonrisa, entró en su casa y se preparó un café.

De repente, oyó golpes en la ventana. Era el sapo, que le gritaba:

—¿Quieres venir a pescar? Con este tiempo nublado, no habrá mucha gente...

Lo último que le apetecía al conejo era ir a pescar. Abrió la ventana, por amabilidad, y le dijo:

—No, gracias, tengo mucho trabajo; esta mañana no puedo...; francamente, no.

—¿Trabajo? ¿Qué trabajo?

El conejo miró al sapo sin decirle nada. Aunque le entraron ganas de soltarle: «¡Largo de aquí! ¡Déjame en paz! ¡Quiero estar tranquilo! ¡Vete a tu casa, a tu charca y ocúpate de tus asuntos, imbécil!».

—¿Qué pasa? ¿Algo va mal? —dijo el sapo.

—Sí, sí —dijo el conejo—. Me duele la cabeza, eso es todo.

—¿La cabeza? Espera, tengo algo perfecto para el dolor de cabeza; voy a por ello.

Y se fue antes de que el conejo pudiese reaccionar.

Cuando el sapo regresaba, el conejo salió a su encuentro y, furioso, le dijo:

—¡Déjame en paz!, ¿de acuerdo? ¡No quiero tus medicamentos!

Hay dos tipos de personas: los que piensan que el conejo se comportó y los que le comprenden.

21 de septiembre

Minúscula Emilia

Emilia estaba furiosa. Ese año, casi todas las castañas estaban agusanadas o vacías. Decidió volver a casa rápidamente.

Era el final del verano, y en el bosque los helechos empezaban ya a enrojecer, pues el verano había sido muy cálido, por lo que apenas podía distinguirse caninando entre ellos a Emilia, que, además de ser pelirroja y diminuta, era una ardilla.

Por eso, de regreso a casa, estuvo a punto de ser aplastada por el Ogro, que merodeaba entre los recién enrojecidos helechos.

—¡Pero bueno!... ¡He estado a punto de aplastarte! ¡Tienes que tener cuidado!

—¡Ten cuidado tú también, gordinflón! ¡Estás tan gordo que ni siquiera puedes ver tus pies! ¿Cuándo los has visto por última vez?

—Tienes suerte de no ser apta para comerte —dijo el Ogro riéndose—. Deberías saber que no se le habla así a un ogro.

Emilia estaba tan delgada que nadie quería comérsela. Esto, en vez de reconfortarla, la hacía ser huraña. Todos sus amigos ardillas estaban a cual más rollizos, y la sensación de poder ser comidos en cualquier momento hacía que estuviesen permanentemente agitados y, en cierto modo, alegres.

—¡Échate a un lado, mofletudo! —dijo Emilia dando una patada a la enorme bota del Ogro, que la sintió tanto como si una hoja seca le hubiese rozado al caer.

22 de septiembre

¿Primer o segundo día?

El silencio despertó a Flora en el fondo de su ratonera.

—¡Uf! ¡Ya está aquí! ¡Ha llegado el otoño! —exclamó despertándose de mal humor—. ¡Qué lata!

Todos sus amigos habían vuelto a París en las maletas de los turistas y ella iba a verse de nuevo sola a la orilla del mar con las playas vacías, los restaurantes cerrados, las callejuelas silenciosas. Como cada año. Ya solo se oirían el sonido del mar, los golpeteos de las contraventanas y el viento.

Ya no habría nada que robar en las cocinas, que solo olerían a lejía. ¡Cuánto la deprimían todos esos deliciosos cubos de basura vacíos y todas esas latas de conserva imposibles de abrir amontonadas en los armarios!

De repente, Fred asomó la cabeza por su ratonera y dijo:

—¡Eh, Flora! ¡Hola! ¿Vamos a bañarnos? ¡Hoy es el último día!

—¡Ah, eres tú! ¿No te has marchado con los demás?

—Pues no. Voy a quedarme aquí; es mejor. He guardado un queso gigante que me durará fácilmente todo el invierno. ¿Quieres venirte de ocupa conmigo?

—¡Oye!, dime, ¿hoy es el último día de qué?

—¡Pues del verano! —exclamó Fred.

—¡Pero si estamos a veintidós! ¡Estamos en otoño!

—¡No, Flora! ¡El veintidós de septiembre es verano todavía!

—¿Ah, si? —dijo Flora—. ¡Si lo hubiese sabido!

—Si hubieses sabido ¿qué? —preguntó Fred.

—¡Si hubiese sabido que todavía estábamos en verano —respondió Flora—, habría estado de mejor humor!

Este libro se terminó de imprimir
el lunes 26 de abril de 2004,
festividad de san Isidoro, obispo de Sevilla,
autor de las Etimologías,
56 días antes del comienzo del verano.